我和我的圖書館

壬寅夏　汪浩敬书

国防科技大学图书馆
National University of Defense Technology Library

校庆暨馆庆70周年丛书

我和我的图书馆

1	蕙风之韵	—— 我在国防科技大学图书馆听讲座
2	兰台之魅	—— 我和国防科技大学图书馆的故事
3	求学之道	—— 国防科技大学学子的高效学习法
4	**馆学之思**	**——“双一流”建设背景下的大学图书馆服务研究**
5	阅读之美	—— 国防科技大学“一校一书”读书心得文集：2018—2022
6	文庙之脉	—— 国防科技大学图书馆史

館学之思

——“双一流”建设背景下的大学图书馆服务研究

主编 —— 贺彦平　施燕斌　胡胜男
副主编 —— 姜　爽　胡文婷　陈　文　敬　卿

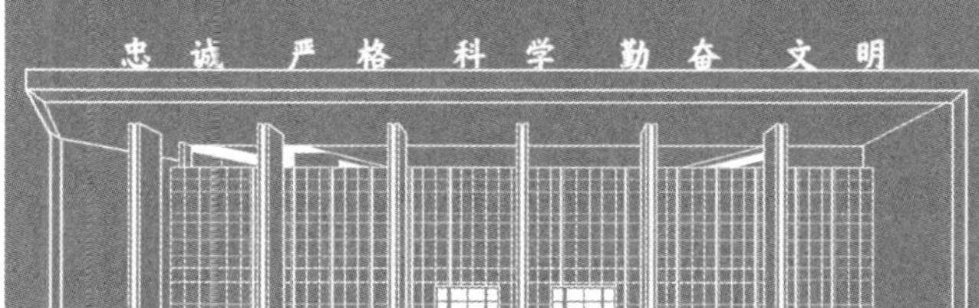

中南大学出版社
www.csupress.com.cn

图书在版编目(CIP)数据

馆学之思："双一流"建设背景下的大学图书馆服务研究 / 贺彦平，施燕斌，胡胜男主编. --长沙：中南大学出版社，2024. 12.

ISBN 978-7-5487-5897-6

Ⅰ. G258. 6

中国国家版本馆 CIP 数据核字第 2024362TE8 号

馆学之思——"双一流"建设背景下的大学图书馆服务研究

GUANXUE ZHISI——"SHUANGYILIU" JIANSHE BEIJING XIA DE DAXUE TUSHUGUAN FUWU YANJIU

贺彦平　施燕斌　胡胜男　主编

□出 版 人　林绵优

□责任编辑　汪采知

□责任印制　唐　曦

□出版发行　中南大学出版社

社址：长沙市麓山南路　　邮编：410083

发行科电话：0731-88876770　　传真：0731-88710482

□印　　装　湖南省众鑫印务有限公司

□开　　本　710 mm×1000 mm 1/16　□印张 15　□字数 230 千字

□版　　次　2024 年 12 月第 1 版　□印次 2024 年 12 月第 1 次印刷

□书　　号　ISBN 978-7-5487-5897-6

□定　　价　68.00 元

前言

2023 年是国防科技大学建校七十周年，也是图书馆馆庆七十周年。半个多世纪以来，一代代科大人埋首图书馆知识殿堂，汲取人类知识的精华，行走在科技强军的征程中，图书馆为培养和造就军事高科技创新人才提供了必备的文献资源和服务。信息时代，军队院校图书馆的职能和服务模式面临着前所未有的挑战，但也蕴藏着巨大的发展机遇。近年来，国防科技大学图书馆围绕融合、创新、转型等理念，在异地多校区文献资源共建共享、智慧图书馆建设，以及阅读推广赋能校园思政教育等方面，不断加强理论研究，积极开展实践探索，取得了显著工作成效。

为进一步加强学术交流和研讨，探讨可持续发展的图书馆核心服务能力建设，促进图书馆实践工作发展，国防科技大学于 2023 年召开了第一届图书馆学术研讨会，并邀请知名图情专家王新才教授和吴华副研究馆员开展了主题讲座，与会馆员就“双一流”建设背景下的大学图书馆服务研究进行了广泛、深入的交流和分享。

同时，为深入学习贯彻习近平新时代中国特色社会主义思想，全面落实党的二十大精神，国防科技大学图书馆积极响应党的号召，先后组织馆员赴中山大学、武汉大学、西安交通大学等多所“双一流”建设院校，以及国防大学、陆军工程大学、空军工程大学等军队院校开展了图书馆工作调查研究，并完成多篇调研报告，以期推动图书馆学术理论研究和实践创新发展。

为全面展示学术研讨会及调查研究成果，图书馆特编辑此文集，希望通过展示“双一流”建设背景下的大学图书馆服务的学术研究和调研成果，为军队院校图书馆建设、服务和发展提供借鉴和指导。

值本书出版之际，感谢在本书出版过程得到的一切支持和帮助。在研讨会论文征集、评审和编辑过程中，敬卿同志进行了认真评审和专业指导，中南大学出版社唐天赋和汪采知两位老师为本书出版提供了全方位的指导和支持，在此一并表示诚挚感谢。

七十周年弹指一挥间，展望未来，任重道远。国防科技大学将继续紧盯国内外图书馆发展趋势，借助现代技术，持续推进智慧图书馆建设，推动全校文献信息资源的融合与共建共享，积极探索读者服务新模式，发挥互联网和新媒体平台优势，拓展读者服务广度与深度，不断为学校创建世界一流高等教育院校提供文献信息资源与服务支撑。

由于时间和水平关系，论文编辑中疏漏之处难免，敬请广大专家、同仁、读者批评指正。

2023 年 12 月

目录

第一篇　规划发展

第二篇 资源建设

第三篇 平台部署

第四篇 信息服务

第五篇　阅读推广

第六篇　调查研究

第一篇

规划发展

军民融合阅读推广联盟建设研究

施燕斌　贺彦平

国防科技大学图书馆，湖南长沙，410073

摘要：本文分析了目前军队阅读推广存在的问题，提出成熟的地方阅读推广联盟可以辐射到军队，建设军民融合阅读推广联盟，联盟必须遵循公益性、共建共享和互惠互利三项原则。本文提出通过建立管理机构、健全管理制度、优化评价机制及建设阅读推广人才队伍等策略，以保障军民融合阅读推广联盟活动取得较大成效，从而推进军事职业教育发展，提升军队战斗力。

关键词：军民融合；阅读推广联盟；阅读推广；评价机制

1　研究背景

2015 年，中共中央办公厅、国务院办公厅印发《关于加快构建现代公共文化服务体系的意见》，明确提出要加大跨部门、跨行业、跨地域的公共文化资源整合力度，通过行业联盟等形式，合作推进公共文化机构资源共建共享[1]。该意见的颁布与实施为创新性地通过联盟形式开展阅读推广活动提供了新的发展思路。

本文系国防科技大学本科和任职教育教学研究课题“融合创新型教材教参平台建设与服务研究”(项目编号 U2020040)和湖南省普通高校教学改革立项项目“面向人才培养的“双一流”军队院校学术数据服务体系研究”(项目编号 HNJG-2020-0031)研究成果之一。

2020年12月21日，习近平主席签发《军队军事职业教育条例(试行)》[2]，为新型军事人才培养和学习型军营建设提供了政策法规依据。军队阅读推广工作也应积极响应习近平主席号召，积极谋划如何在军事职业教育和军营阅读氛围营造方面发挥应有作用。

党的十八大以来，习近平主席提出加快形成军民深度融合发展格局，为实现中国梦和强军梦提供了新的思路。为了使军队阅读推广活动取得更大成效，在军队军事职业教育和军队战斗力提升方面发挥更大作用，可以将军民融合和阅读推广联盟概念进行组合，从而产生“1+1>2”的化学反应。

军民融合阅读推广联盟是军民融合的国家战略在阅读推广领域的积极探索与深度实践，也是持续推进全民阅读过程中必不可少的重要环节。目前，国内外关于阅读推广联盟的研究已初具规模，但针对军民融合阅读推广联盟的相关研究较少。本文通过研究建设军民融合阅读推广联盟的必要性和基本原则，提出建立管理机构、健全管理制度、优化评价机制及建设推广人才队伍等策略，不仅拓展了军民融合的领域和范围，实现军民在阅读推广领域的深度融合，还丰富了国内阅读推广联盟的类型，具有非常深远的理论意义和现实意义。

2 建设军民融合阅读推广联盟的必要性与可行性

2.1 军队阅读推广存在的问题

图书馆是全民阅读活动有序开展的生力军，承担着联络、策划、组织等很多重要工作。军队图书馆组成类型复杂，包括军事机关图书馆、军事科学研究图书馆、军事院校图书馆、部队医院图书馆(室)、连队图书室等[3]，分属于不同的军兵种或不同的主管部门。军队非战斗力员额很少，因此图书馆的工作人员，特别是从事阅读推广的工作人员极为缺乏，相应的在如何通过阅读推广营造阅读型军营等领域的研究几乎空白。正因为军队的特殊性，军队阅读推广的开展和实施存在着地域广、主管部门多、阅读推广人才缺乏、联合活动开展不便等多种困难和局限。

军队院校图书馆是除公共图书馆之外的另一支阅读推广的主力军，受2017年军队院校调整改革影响，军队院校数量减少了近一半，从原来的77所合并调整到了目前的43所。各军校图书馆都面临如何融合并充分发挥多个独立的异地图书馆各自优势的新问题。与此同时，图书馆编制员额也普遍有所减少，馆员队伍面临人员年龄结构老化、知识结构单一等问题。这些问题在阅读推广工作的推进中会造成活动内容和形式单一、不能贴合年轻学员真实需求等问题[4]。

2.2 地方阅读推广联盟对军队阅读推广的借鉴意义

近年来，“全民阅读”已经上升为国家战略，地方高校图书馆、公共图书馆等都纷纷将阅读推广纳入单位年度重点工作，通过组建由不同类型成员单位组成的阅读推广联盟，共同推动全民阅读的深入开展，取得了显著成效，这些成功案例对军队阅读推广的深入开展具有深远的借鉴意义。如2018年东莞图书馆倡议组建东莞阅读联盟，其成功经验在于参与单位的广泛性，包括社团、政府机构、公益组织及个人等，充分发挥了各成员单位的积极性和主动性，丰富和充实了阅读推广活动的形式和内容[5][6]；2016年组建的宁波阅读联盟，也是一次有益的尝试，在宁波市公共图书馆、社会阅读团体等共同努力下，其工作成果主要包括建立阅读的公共分享平台及定期开展人员培训、经验座谈等交流活动等[7]。

军队阅读推广可以充分参考和利用已有的地方阅读推广联盟的成功经验，整合联盟成员单位的各种资源，充分发挥成员单位各自优势，从而真正催生“1+1>2”的化学反应。

2.3 军民融合阅读推广联盟建设思路

参考地方阅读推广联盟建设的成功经验，对军队阅读推广工作的开展将会带来巨大推动力。

(1)建立军队内部阅读推广联盟。通过组建军队内部阅读推广联盟，建立阅读的共享平台，开展“阅读推广人”培训和认证，定期组织联盟成员开展阅读活动，着力营造军营良好阅读氛围，为构建新型军事人才培养体系做出贡献。军队阅读推广联盟也是建立军民融合阅读推广联盟的基础和必要条件。

（2）建立军队与地方联合阅读推广联盟。如以国防高校（7+7）图书馆联盟为基础构建军地阅读推广联盟[8]，通过联盟形式组织开展联合阅读推广，充分发挥军队系统整齐划一、服从命令听从指挥，以及地方阅读推广活动内容丰富、形式新颖、参与人员类型多样、组织活动经验丰富等优点，催生出更富活力的阅读推广形式，从而形成军队与地方共同参与联动，有组织、有目标的军民融合阅读推广。

3　军民融合阅读推广联盟建设的基本原则

3.1　公益性原则

军民融合阅读推广联盟建设的首要原则是公益性。无论是公共图书馆、高校图书馆还是军队系统图书馆，都承担着不以营利为目的开展社会教育、传递科学情报、开发智力资源等的职能任务。因此，军民融合阅读推广联盟建设必然应该以公益性为主，通过联合开展内容丰富多彩、形式喜闻乐见的各类型阅读推广活动，进一步推进全民阅读[9]。

3.2　共建共享原则

共同遵守资源和服务的共建共享原则是军民融合阅读推广联盟共同开展各类活动的前提条件。现代社会，任何一家图书馆都不可能完全满足读者的所有需求，因此，资源和服务的共建共享是实现利益最大化的必然选择。成员馆应共同遵循统一的建设标准，通过推进联盟网站与平台建设，实现文献资源的统一检索、馆际互借和文献传递。通过统筹规划和协调机制，实现在人力资源、文献资源、设施设备等软硬件方面的共建共享，避免重复建设，优化资源配置。

3.3 互利互惠原则

建立在资源和服务共建共享原则基础上的联盟阅读推广能充分发挥各成员单位的优势，通过共享专家资源、数据库资源等，策划组织更多有特色有意义的活动，从而实现互惠互利。比如军队的军事领域专家、国家安全领域专家等可以成为专家库资源，以推进国防教育领域阅读推广；地方高校图书馆有很多专职阅读推广人，可以组织指导军队培训相关人才，也可以将合适的活动辐射到军队单位。通过资源与服务的共建共享，对军民融合阅读推广联盟成员馆来说，既可实现自我影响力的放大效应，又可实现成员馆之间的优势互补[10]。

4 军民融合阅读推广联盟建设策略

4.1 建立军民融合阅读推广管理机构

军民融合的关键是加强集中统一领导，着眼长远发展，科学谋划，统筹协调。军民融合形式的阅读推广因参与的成员单位更复杂，对管理机构的要求也会更高。借鉴地方阅读推广联盟的管理模式，可以分别设置联盟秘书处与阅读推广委员会。军队图书馆和地方图书馆可分别设立秘书处，负责军地相关联盟的组织领导工作。阅读推广委员会的专家团队可由军地各相关单位推荐形成，分别负责对成员单位的阅读推广联动活动进行指导、帮助与监督[11]。

4.2 健全军民融合阅读推广管理制度

阅读推广管理制度是指由秘书处和阅读推广委员会制定的各项规则、标准、程序等，主要用于对阅读推广活动中各成员单位、各项活动要素等进行一定的约束，避免可能产生的彼此推诿、责权不明等矛盾，从而保证阅读推广活动的顺利开展，具有可操作性强、可重复利用等特点[12]。军民融合阅读推广活动涉及面广，参与人员类型复杂，军队内部又有保密等特殊要求，更需要具备实际指导意义的管理制度的约束和保障，为活动中涉及的资源组织、安全防范、宣传报道等方方面面提供制度依据，从宏观上把控阅读推广活动的顺利实施并取得良好成效。

4.3 优化军民融合阅读推广评价机制

阅读推广评价内容主要包括图书馆运转指标、读者对活动的反馈、活动的建档备案、活动人员的绩效考核和激励制度等[13]。建立和完善军民融合阅读推广评价机制可以考量活动取得的效果，对活动策划、宣传报道、活动实施、活动总结等各个流程进行规范，确保资源配置、品质内容的合理性[14]。前期阅读推广活动顺利开展，后期则可通过收集整理和分析经费投入、宣传渠道效果、参与单位数量、参与人员组成及人数等各项数据，全方位分析评估活动取得的成效，并总结经验教训，为进一步优化和调整阅读推广相关流程提供客观依据。

4.4 建设军民融合阅读推广人才队伍

当阅读推广活动覆盖面涉及军队和地方不同人群时，从活动设计到活动组织都会发生显著变化，因此军民融合阅读推广人才队伍建设显得尤为重要。联盟应高度重视，将人才培育纳入联盟秘书处和阅读推广委员会日常工作范畴，建立人才培养的长效机制，创新性融合采用专家讲座、实地调研、实践教学等多种形式，有力提升“军民融合阅读推广人”培训认证工作成效[15]。打造一支既了解军地不同特点，又具备图书馆学、情报学等相关专业知识，同时还热爱阅读、具备奉献精神的军民融合阅读推广人才队伍。

5 结语

军民融合阅读推广联盟是军民融合的国家战略在阅读推广领域的一种创新实践，通过强有力的军民融合阅读推广管理机构的组织领导，加强顶层设计，依靠完善的规章制度保障，实现弨强联合，将地方已经成熟的阅读推广活动项目延伸到军队系统，扩大“全民阅读”的受益群体，从而使阅读推广成为推进军事职业教育、提升军队战斗力的重要助力。

参考文献

[1] 中办、国办印发《关于加快构建现代公共文化服务体系的意见》[EB/OL].(2015-01-14)[2023-08-10]. http://www.gov.cn/xinwen/2015-01/14/content_2804240.htm.

[2] 中央军委主席习近平签署命令发布《军队军事职业教育条例(试行)》[EB/OL].(2010-12-22)[2023-08-10]. http://cpc.people.com.cn/n1/2020/1222/c64094-31974236.html.

[3] 丘东江. 新编图书馆学情报学辞典[M]. 北京：科学技术文献出版社，2006.

[4] 乔姗姗，胡胜男. 军校图书馆“双跨一融合”区域联合阅读推广研究[J]. 图书馆工作与研究，2020(10)：117-121.

[5] 薛宏珍. 高校图书馆参与阅读推广联盟的运作模式研究——以柳州市中华阅读联盟会为例[J]. 图书馆学刊，2018(1)：39-44.

[6] 王洋. 深圳地区公共图书馆阅读推广联盟建设研究[J]. 图书馆理论与实践，2016(1)：66-69.

[7] 刘燕.“阅读联盟”助建“书香宁波”[J]. 宁波通讯，2019(3)：64-65.

[8] 周雅琦，牛宇. 基于国防高校图书馆联盟(7+7)的军地阅读推广联盟研究[J]. 图书馆学刊，2021，43(9)：10-16.

[9] 李小燕. 试论阅读推广及其重要性[J]. 内蒙古科技与经济，2017(10)：153-154.

[10] 宋乐平. 中小城市异质性图书馆联盟资源共建共享的博弈分析[J]. 图书馆，2012(12)：55-57.

[11] 王凌宇. 阅读推广联盟机制研究——以深圳市光明新区图书馆为例[J]. 图书馆界，2017(4)：70-73.

[12] 张伟. 公共图书馆阅读推广管理制度建设[J]. 图书馆建设，2020(5)：64-99.

[13] 许天才，杨新涯，徐娟等. 高校图书馆阅读推广评价机制的研究[J]. 图书情报工作，2016(9)：47-52.

[14] 王永芳. 权变视角下异质性图书馆阅读推广联盟的组织变革及实践研究[J]. 图书馆, 2016(2): 48-52.

[15] 周玉琴, 吴建华. 我国阅读服务专业人才供需矛盾与破解之策[J]. 图书馆论坛, 2020(5): 123-131.

高校图书馆未来学习中心建设现状与路径初探

杨　磊　杨玉涵

国防科技大学图书馆，湖南长沙，410073

摘要：“探索未来学习中心试点”提出至今，国内高校图书馆已展开初步探索。文章通过对未来学习中心理论与实践的研究梳理，分析得到空间、内容、平台三方面的建设经验，为将来的高校图书馆工作提供路径参考。

关键词：未来学习中心；高校图书馆

1　引言

2021 年 12 月，时任教育部高教司司长吴岩（现任教育部副部长）在“继承与创新：大学图书馆现代化新征程”学术研讨会开幕式上的讲话，昭示了我国高校图书馆新一轮机遇的到来，他提出“鼓励高校依托图书馆试点建设一批‘未来学习中心’”，并将“信息服务中心、学生学习中心、教学支持中心”作为当前高校图书馆改革的目标，旨在转变传统教学模式，打造新时代育人新范式[1]。顺应时代东风，国内图书馆界于近两年开展了有关未来学习中心的大量研讨与实践，本文择取部分典型案例，尝试从中挖掘当前高校图书馆未来学习中心建设的规律与路径，并结合未来学习中心这一概念在国内的推嬗过程，提出今后实践与理论的发展方向。

2 未来学习中心理论研究现状

2.1 概念的兴起与演变

国外高校图书馆在“学习中心”命题下已进行了多方位的实践，实践中诞生了“大学学习中心（university learning center）”“教学中心（teaching and learning center）”“学生成功中心（student success center）”等组织结构，其建设思路为后来“未来学习中心”的提出埋下伏笔。

针对不同的教学目的，国外高校图书馆为学习中心赋予了相应的称谓与定义：麻省理工学院、纽约大学的大学学习中心维持传统教学的方式，强调机构对学生学习的支持；阿德莱德大学的数学学习中心、谢菲尔德大学的英语教学中心以具体学科为导向，注重专门学科思维及内容的培养；康奈尔大学的教学创新中心聚焦教师的成长，专注于提升其教学创新能力[2]。“学习中心”在图书馆本身的服务之外延伸出新的功能，将高校教学科研需求与高校图书馆发展紧密相连，展现出数字背景下高校图书馆的变通力与创造性。

国内未来学习中心的理念是将国外的建设经验与国内智慧图书馆的发展进程相结合，以建设“信息服务中心、学生学习中心、教学支持中心”为目的。概念的宏大意味着责任的艰巨，为建成预期中的未来学习中心，国内高校图书馆界需给予足够的重视与支持。

2.2 国内的理论发展进程

关于未来学习中心的发展方向，当代教育名家朱永新提出构想，在《未来学校：重新定义教育》一书中，他从学习主体、教育主体、学习评价、学习方法、学习内容、父母参与、政府管理等多个方面阐述了未来学习中心的特点，指出实现“幸福完整的教育生活”是未来学习中心的理想与宗旨[3]。王宇、孙鹏厘清了未来学习中心建设的逻辑起点，结合时代赋予的机遇，提出建设未来学习中心的基本原则，及其功能定位与服务形态的构想[4]。

在具体实施层面，兰利琼从“智慧图书馆”与“未来学习中心”的共通内涵中对二者的关联进行思考和分析，提出未来学习中心应突破时间、空间、学科等限制，实现全周期全方位的服务[5]。基于高校图书馆的现有实践，一些学者作出思考分析：杨峰等提出了未来学习中心在智慧图书馆建设中的应用场景，介绍了西安交通大学图书馆学习空间规划打造、学习平台建设、平台资源整合等服务[6]；杨静等对北京理工大学未来学习中心通过构建“4A”（即 anyone、anytime、anywhere、anything）智慧学习范式的建设思路作出介绍，并阐述了时间维度、空间维度、超时空维度、知识维度四个方面的实施路径[7]。

总体上，国内的未来学习中心理论继承了部分国外的经验，但更多着眼于图书馆与未来学习中心的结合点，因而两者的实践路径存在显著差异。一方面，“鼓励高校依托图书馆试点建设一批‘未来学习中心’”的号召赋予了图书馆转型的新机遇，另一方面，高校图书馆作为“学校的文献信息中心”与“为人才培养和科学研究服务的学术性机构”，拥有得天独厚的资源与空间优势，能相对高效、迅捷地投入未来学习中心建设。

3　国内未来学习中心实践举隅与分析

3.1　聚焦空间革新，提升服务效能

“空间再造”这一命题在过去的二十多年受到图书馆学界的广泛关注，图书馆空间建设与转型也确如构想中一样，以良好的态势与迅猛的速度不断发展。澳门大学吴建中馆长立足当下，提出图书馆在空间再造日趋完备的基础上，正面临业态重塑的考验[8]，“空间即服务”，未来学习中心的空间革新事实上意味着服务需求转变下的价值重塑。

中国科学技术大学图书馆依照不同类型读者对于场景的需求，对原有图书馆部分场地赋予了新的定义并进行了新的设计，直接命名为“未来学习中心”。该馆的“未来学习中心”于 2016 年 4 月投入，形成了由创新支持中

心、教学支持空间、学习支持空间共同构成的全新知识场景，满足师生学术竞赛训练、语言学习交流、网络课程开展等多方位需要[9]。中国科学技术大学图书馆在我国第一批开启未来学习中心的建设工作，在空间设计方面，他们坚持将具体需求作为衡量的标尺，大至三个中心或空间不同的功能定位，小至自习室与研讨室所用灯光、绿植的差异，空间始终随当下服务需求不断调整和革新。

吴建中馆长认为，图书馆正在向"创造型"发展，未来二十年，人、资源、空间将愈加联系紧密，图书馆由读者主导的趋势也将日趋显著[10]。阮冈纳赞的"图书馆学五定律"将图书馆定义为一个不断生长着的有机体，图书馆空间同样处于这一生长、变革的过程中，发展至今，定位为未来学习中心的高校图书馆业已取得技术上的突破，在实体建设以外，寻求空间对读者的情绪影响与精神支持。

3.2 拓展教学内容，推进终身学习

信息技术的发展催动教学需求的变化，在教育4.0背景下，个性化教育、跨学科交流与协作式研学成为新的潮流[11]，未来学习中心作为新型的教学与科研场所，能够为全新的育人模式提供技术与场景支持，减少人与人、人与资源之间的隔阂，建设起一个包容开放的学习环境。

西交利物浦大学未来学习中心是该校未来教育学院的四个组成部门之一，中心打造了学生感兴趣的学习空间，整合校内学术资源及校外优质教育资源，多途径引导学生在学习模式上的转变，开设一系列学习项目和课程，覆盖了学生从入学到毕业、从专业学习到职业规划的整个大学旅程[12]。未来学习中心的教学内容涵盖了真实的行业课题、系统性的学习方法、跨学科社会创新课程等，力求培养学生终身学习的能力，以应对未来种种挑战与机遇。

高校图书馆向未来学习中心的迭代与教育理念的升级双向作用、互为助力，未来学习中心以技术与资源支持育人新范式的构建，同时在新理念的影响下，变革教学模式，使个性化、现代化的教学目的得以实现。泛在多元的

学习生态体系是未来学习中心的基本特性，在这一体系下，用户的心理活动主宰着学习过程的发生与进行[13]，这意味着未来学习中心的教学仍有不可限量的生长空间，亟待从实践中进一步开拓。

3.3 依托平台升级，优化智慧服务

许多学者将未来学习中心与智慧图书馆相结合，在既往经验中寻求最具可行性的中心建设思路，或直接承接智慧图书馆的已有成果，以期最快实现未来学习中心的资源整合与平台建设。

北京理工大学图书馆的“4A”学习生态构建，从时间、空间、超时空与知识四个维度打造不受限的学习平台智慧服务，进行了学院分馆、“学习空间群”等实践，旨在推进智慧教育的落地与高质量教学的创新发展[7]。西安交通大学图书馆直接将门户网站分为面向本科生、研究生、教师等不同版本，记录个人学习信息，提供个性化服务；未来技术学院兴起后，开发了“知识森林导航学习系统”，形成个人所需的知识图谱，以实现跨学科的平台服务[6]。

迈向未来学习中心的过程，是高校图书馆突破自身局限、拓展组织边界的过程，这既是机遇，也是对传统图书馆进一步转型升级的挑战。对用户需求的大数据挖掘与分析，科学制定研学计划，实现学习者全周期、个性化的发展目标，势必要依托智能化平台与相应的智慧服务。立足技术基础，突破空间限制，方能成就持续性的终身教育支撑体系。

4 结束语

国内“未来学习中心”的探索尚在伊始，现有理论与实践均属开创性的尝试，其中蕴含可借鉴的思路，但目前并未形成系统、通用的方案，仍有不少未触及的空间可供探寻。放眼将来，未来学习中心建设或迟或早，会成为各高校图书馆的重点工作，在铺展建设计划之前，各馆应完善资源储备、夯实技术基础，深入了解本校学科发展与具体学习需求，规划出适宜本校发展的未来学习中心建设路径。

参考文献

[1] 教育部办公厅. 教育部高等教育司 2023 年工作要点[EB/OL]. (2023-03-29)[2023-07-10]. http://www.moe.gov.cn/s78/A08/tongzhi/202303/t20230329_1053339.html.

[2] 黄如花，江语蒙. 高校图书馆未来学习中心建设：全球进展[J]. 图书馆杂志，2023，42(9)：4-11.

[3] 朱永新，杨帆. 重新定义教育：未来学习中心的形态构建与实践畅想——朱永新教授专访[J]. 苏州大学学报(教育科学版)，2020，8(4)：83-91.

[4] 王宇，孙鹏. 高校图书馆未来学习中心建设的逻辑起点、时代机遇与探索路径[J]. 大学图书馆学报，2022，40(4)：26-32，40.

[5] 兰利琼. "智慧图书馆"与"未来学习中心"的内涵耦合——面向《中国教育现代化2035》的思考与分析[J]. 中国大学教学，2022(9)：74-79.

[6] 杨峰，张雪蕾，李娟. 未来学习中心对智慧图书馆建设的启迪与思考[J]. 图书馆杂志，2023，42(9)：35-43.

[7] 杨静，贺聪，魏继勋，等. 智慧图书馆背景下的未来学习中心探索与实践[J]. 图书馆杂志，2023，42(9)：23-28，43.

[8] 吴建中. "业态重塑"正当时[J]. 图书馆建设，2022(5)：4-5.

[9] 樊亚芳，李琛，王青青，等. 高校图书馆未来学习中心建设与服务实践——以中国科学技术大学图书馆为例[J]. 大学图书馆学报，2022，40(4)：5-11.

[10] 吴建中. 未来二十年，图书馆是什么模样？[J]. 图书馆杂志,2023,42(11):4-9.

[11] 蔡迎春，周琼，严丹，等. 面向教育 4.0 的未来学习中心场景化构建[J]. 图书馆杂志，2023，42(9)：12-22.

[12] 西交利物浦大学. 未来学习中心[EB/OL]. [2023-07-10]. https://www.xjtlu.edu.cn/zh/study/departments/academy-of-future-education/department-introduction/life.

[13] 张静蓓，徐亚苹，周琼，等. 未来学习中心建设：图书馆的角色定位、功能重塑及实践探索[J]. 农业图书情报学报，2023，35(6)：43-50.

发挥图书馆思想政治教育功能 铸牢新时代军魂

陈蕾蕾

国防科技大学电子对抗学院图书馆，安徽合肥，230037

摘要：图书馆作为高校的三大支柱之一，肩负着文化育人的使命和对军校大学生进行思想政治教育的任务。本文阐述了大学图书馆的思政育人功能，分析了图书馆在学生思想政治教育工作中的优势作用，并结合工作实例探讨了图书馆发挥育人铸魂教育功能和铸牢新时代军魂的路径。

关键词：图书馆；文化育人；思想政治教育；路径

思想政治教育是党在军队铸魂育人的工作，是党对军队实施思想政治领导的基本途径。《军队思想政治教育规定》突出强调以文化人、以文育人。军校图书馆作为开展思想政治教育的重要阵地，要充分利用自身的丰富资源和独特优势，聚力打造具有军队特色、彰显部队精神、支持打赢制胜的强军文化，在潜移默化中培养官兵敢打必胜的血性胆气，铸就潜心砺剑、敢于亮剑的战斗品格，强化听党指挥的忠贞坚持和能打胜仗的使命担当，帮助官兵筑牢精神支柱、建设精神家园。

本文以高校图书馆开展思想政治教育的必要性和必然性出发，从升级馆舍环境、利用互联网平台、发挥馆员积极性、开展阅读推广活动和加强多部门的合作等方面深入讨论了图书馆开展思想政治教育的途径，最后通过介绍国防科技大学电子对抗学院图书馆育人铸魂的生动案例，为其他军校图书馆开展军校大学生思想政治教育工作提供了有益借鉴。

1 开展思政教育工作是高校图书馆职能使命

《普通高等学校图书馆规程(2015)》指出，高校图书馆是学校的文献信息资源中心，是为人才培养和科学研究服务的学术性机构，是学校信息化建设的重要组成部分，是校园文化和社会文化建设的重要基地[1]。中共中央、国务院办公厅于2015年1月印发的《关于进一步加强和改进新形势下高校宣传思想工作的意见》中也指出，高校作为意识形态前沿阵地，肩负着学习研究宣传马克思主义，培育和弘扬社会主义核心价值观，为实现中华民族伟大复兴的中国梦提供人才保障和智力支持的重要任务[2]。

高校图书馆承担着大学生思想政治教育工作的重要使命，温馨、优雅、整洁的学习环境，方便、快捷、智能的阅览服务，高效、严谨、创新的研究氛围，都为开展大学生思想政治教育工作创造了良好的条件保障[3]。另外，图书馆员通过业务工作和开展读者活动加深对读者群体的了解，积累了稳固的读者群体，在工作中实践“读者至上、服务第一”的工作理念，定期参与培训和自我学习，提升自身专业水平，为读者提供热情、细致、专业的服务。这种爱岗敬业、拼搏进取的职业观和价值观也在无形中影响和教育学生，对大学生牢记初心使命，坚定理想信念，起到润物细无声的隐性激励作用。

高校图书馆的主要职能是教育职能和信息服务职能，作为学生兴趣阅读、考试备考的首选之地和大学生校园文化生活的重要场所，高校图书馆拥有独特的资源优势、场地优势、技术优势，开展大学生思政教育工作是图书馆职能使然，也是充分利用资源、提升服务质量的必然路径，更是发挥人才培养、教学研究和文化传承的时代使命。

2 高校图书馆发挥思政教育育人铸魂功能的路径

高校图书馆开展思政教育工作要紧紧围绕坚定理想信念，以爱党、爱国、爱社会主义、爱人民、爱集体为思想主线；以强化忠诚于党、深植家国情怀、提高文化素养、增强法治意识、增强道德修养为内容供给；以环境营造、资源供给、技术支撑、服务保障和多方协作为实现路径；系统进行习近平新时代中国特色社会主义思想、中华优秀传统文化和中国梦教育，发挥育人优势，提升育人本领。

2.1 升级馆舍环境，营造书香氛围

春风化雨、润物无声，是优秀环境对人影响和教育最好的描述[4]。高校图书馆除了提供高大、明亮、简洁的外部环境，更需要在内部环境上多下功夫。合理规划调整图书馆内部的功能划分，开发使用馆藏资源。通过装饰装修、家具格调，追求多样化、艺术化、文艺化、军事味，吸引不同层次、不同需求、不同审美的学生。在相关区域设置文化长廊，张贴思政时政励志经典标语、军事(兵种)文化的海报图片，发挥对读者的教育和引导作用，并注重将相关内容融入思政元素，创造知识与环境相统一，物理环境与人文环境相协调的阅读环境，以高品位的文化氛围吸引读者，教育读者，让学生在不知不觉、潜移默化中受教育，长才干，发挥图书馆环境育人的功能。

2.2 利用网络平台，丰富数字馆藏

线上网络平台是学员接收、传播和交流信息最方便、最快捷的教育平台。高校图书馆应充分利用这一有利优势，用好网络教育平台，坚守大学生的思想政治教育的网络营地。通过将馆藏资源数字化，实现馆藏资源的在线获取；在图书馆主页上开设思想政治教育专题，宣传积极、向上、正能量的思想政治信息，进行时事政策教育与爱国主义教育；建立网络交互对话系统，利用网络的开放、交流的特点将思想政治教育与网络结合起来，及时关注学员的思想动态，及时解决学员的思想问题，加强思政教育的针对性和时效性。

2.3 培养“四有”馆员，提供优质服务

高校图书馆中最直接参与管理工作的就是图书馆员，他们不但是学生的

榜样，也是开展思政教育的突破口[5]。“才为德之资，德为才之帅”，高校图书馆要加强对馆员的思想政治教育，扎实开展思政教育工作，培养“有理想、有道德、有文化、有纪律”的“四有”馆员。一方面，要提高馆员的思想理论水平，定期组织政治思想学习教育，引导馆员不断学习，提高思想认识水平，为学生提供更多优质资源和信息。另一方面，定期进行业务培训，使馆员掌握较高的信息处理能力及业务技能，适应“互联网+”的时代要求。馆员自身更要坚持学习和创新，主动了解行业最新发展动态、学习先进科学技术、开阔专业知识视野、推动服务提质升级，确保始终走在思政教育队伍的前列。

2.4　拓宽活动思路，创新推广路径

高校图书馆要变“静态育人”为“动态育人”，拓展活动的广度、深度，增添温度，增加活动的知识性、人文性，丰富育人方式，拓展育人渠道，扩大育人范围。通过丰富多彩的文化活动达到育人功能，设置不同形式和主题的阅读活动、科技活动、红色经典作品诗歌征文诵读活动、摄影书法绘画比赛，开展有针对性的科技军事讲座、人文讲座，结合第二课堂培养学员分享阅读、绘图、摄影、写作、视频剪辑等兴趣，利用文化长廊开展作品展、书画展、文化展，并通过主题书展、线上选书、电影赏析、读书交流会、真人图书馆、作者见面会等新颖的方式吸引读者参与，多途径植入思政文化，发挥思政教育效力。还可开展实践拓展活动，增强学生与时俱进的创新精神、开拓进取的奋发精神。引导学生深刻理解社会主义核心价值观，弘扬中华优秀传统文化、红色革命文化和社会主义先进文化。

2.5　加强部门合作，凝聚教育合力

大学生思想政治教育需要各部门、各单位相互配合，形成思政教育工作网格体系，凝聚思政教育工作合力。高校图书馆作为思想政治教育工作开展的重要平台，要想做好大学生的思政教育，需要与思政课教师、院系团委和学生服务部门有效对接，实现优势互补，资源共享[6]。利用自身优势开展思

政教育，将高校图书馆融入全校思政教育体系中去，形成全校思政教育的一个有机组成部分，配合思政课教师、院系团委和学生服务部门，合作开发思政教育的新资源、新手段、新项目，发挥自己的重要作用。通过学校与其他院校之间的数字资源共享，形成互通有无的协作机制，促成教育项目合作，构建出高校思政教育链。在协同思政教育部门开展大学生思政教育的过程中，还要发挥高校图书馆的管理和服务作用，规范和指导学生建立良好的道德标准；制定合理科学的规章制度和读者的日常行为规范，培养良好的道德品质和文明行为；逐步深挖思政教育主题，推动大学生思想政治教育与和谐校园建设。

3　将育人铸魂贯穿图书馆思政教育工作全过程——以国防科技大学电子对抗学院为例

国防科技大学电子对抗学院图书馆坚持不懈用习近平新时代中国特色社会主义思想、习近平强军思想指导思政教育工作，结合具体情况和服务对象特点，通过升级馆舍环境、优化资源结构、开展阅读活动、提升服务标准等措施，厚植学员的家国情怀、加强学员的能力和品德修养、增长学员的知识和见识、培养学员艰苦奋斗的精神、锻造学员坚强的意志品质，多方面提高军校学员综合素质，充分发挥图书馆在学校思政教育工作中的作用。

3.1　立足经典，结合史实，培养听党指挥的革命军人

针对特定的节日、纪念日、重大历史事件周年，国防科技大学电子对抗学院图书馆通过开展“阅读强素质，共筑中国梦”主题征文、“祖国在我心中”主题征文、“读五四经典·传五四薪火”结伴阅读、“使命·情怀·传承”纪念抗美援朝胜利 70 周年征文活动、“回首百年沧桑巨变·感悟红色中国奇迹”、致敬青春、建党百年主题征文、萌新开学季、四月读书季、青春毕业季、感恩教师节、欢度国庆、喜迎新春等系列活动，为学员们提供平台和空间去学习、认知、理解、思考与判断，也在活动中润物细无声地对学员们进行爱国主义

教育、历史教育和文化教育，培育了学员们的家国情怀，坚定了他们的理想信念，为建设军事特色鲜明的一流院校和加快建设一流高水平学校作出图书馆的特色贡献。

3.2 立足馆藏，优化资源，培养能打胜仗的科技强军

图书馆的文献资源是立馆之本，也是开展高质量读者服务的基础，文献资源建设在图书馆工作中有着举足轻重的地位。近年来，国防科技大学电子对抗学院图书馆资源建设立足“广而精、快而准、全而特”的目标，不断探索集“采、藏、借、阅”于一体的资源和服务模式，在“以读者为中心”的服务理念指引下，不断做出新的尝试。如引进驻馆书店，开展主题书展(某出版社图书、专业类图书、教辅教材、党政法律等)，读者现场选书后由工作人员即时加工编目，使读者能够及时阅读和借阅新书。同时为满足当下读者的数字化阅读需求，利用线上平台开展“云书馆——你选书，我买单”活动，实现文献资源的个性化保障。围绕资源建设开展新书推荐、专家荐书、读书书评、图书交流会等活动，拉近了资源建设与用户服务的距离，使学员们在阅读中了解国家历史、学习优秀文化、丰富知识储备，充分发挥图书馆的思政教育职能。

3.3 立足专业，提升服务，培养作风优良的“四有”馆员

图书馆员是思政教育工作的主体之一，通过政治学习和业务培训，不仅提高了馆员的业务能力，也使馆员们认识到思政教育工作的必要性和重要意义，提升思政工作基本素养。国防科技大学电子对抗学院馆舍环境氛围的建设和阅读空间的改造，创造了舒适安静的书香馆舍。打造专业化、人性化的阅读空间，设立专门的专业资料阅览室和思政图书阅读室“忠诚搏穹研修间”，吸引更多学生走进图书馆，了解更多思政文化。围绕人文关怀理念，广集读者意见，分析读者需求，及时合理调整，图书馆的工作作风扎实、行动反应快、专业化形象得以大幅提升，让读者真正感受到图书馆以人为本，服务至上的服务理念。

3.4 立足当下，着眼未来，培养忠诚搏穹的电抗人才

国防科技大学电子对抗学院图书馆为实现强军梦和承担起中华民族伟大复兴的事业，精心策划和组织开展专题系列讲座，通过邀请军内外知名专家教授讲授军事科技文化发展等主题讲座，引导学员了解世情国情党情军情院情，增强对党的创新理论的政治认同、思想认同和情感认同，对学院对电抗事业的热爱。通过校园网、图书馆主页、公众号、短视频等多种网络媒介宣传和发布活动信息，面向全校学生征集原创设计作品，包括图书馆馆标、书签、贺卡、表情包、短视频、摄影、绘画、书法等，在全院范围内公开展示，为学生提供培养爱好和展示自我的舞台；播放研讨军事经典影片，如《我和我的祖国》《战狼》《红海行动》等，陶冶学员的爱国情操。一系列内容丰富、形式新颖的活动，巧妙地将思政元素融入其中，使活动更具特点，更有价值，找到了高校图书馆对大学生进行思政教育的有效方式，使思政教育工作真正落到实处，真正走进学员心中，使思政教育产生最大效益。

4 结语

高校图书馆作为学生学习研究的重要场所，是高校开展思政教育工作的一大阵地。国防科技大学电子对抗学院图书馆立足“立德树人，为战育人”，推广多途径充分发挥图书馆思想政治教育职能，对其他图书馆尤其是军校图书馆开展思政工作具有实践借鉴意义。在全国上下认真学习贯彻全国高校思政工作会议精神，加快推进教育现代化，建设教育强国的时代背景下，高校图书馆要突破传统形式，敢于创新，勇于争先，注重发挥图书馆思政教育工作的积极主动性和服务多样性，充分利用其资源优势、环境优势、服务优势，积极参与其中，与各单位、各环节紧密结合，相互支撑，凝聚力量，形成思政教育凝聚合力，将显性教育和隐性教育结合起来，帮助学生塑造正确的世界观、人生观和价值观。

参考文献

[1] 教育部关于印发《普通高等学校图书馆规程》的通知[EB/OL].(2016-01-20)[2023-08-10]. http://www.moe.gov.cn/srcsite/A08/moe_736/s3886/201601/t20160120_228487.html.

[2] 中共中央办公厅、国务院办公厅印发《关于进一步加强和改进新形势下高校宣传思想工作的意见》[EB/OL].(2015-01-20)[2023-08-10]. https://www.gov.cn/xinwen/2015-01/19/content_2806397.htm

[3] 张万霞. 高职院校图书馆融入大思政格局发挥育人功能的研究[J]. 智库时代, 2018(4): 88-89.

[4] 侯刚健. 促进高校图书馆思政工作的创新发展策略[J]. 开封文化艺术职业学院学报, 2020(10): 171-172.

[5] 王炬颖. 高校图书馆开展大学生思想政治教育的逻辑与路径[J]. 连云港职业技术学院学报, 2019(12): 61-63.

[6] 隋桂杰, 丘秀文. 高职院校图书馆嵌入思政教育路径探析[J]. 兰台世界, 2016(2): 69-71.

“思政教育”融入人文讲座品牌打造校园“文化育人”高地

——以国防科技大学图书馆“蕙风讲坛”为例

胡胜男　施燕斌　廖　佳　周雅琦

国防科技大学图书馆，湖南长沙，410073

摘要：文章以国防科技大学图书馆开展的“蕙风讲坛”活动为例，探索了军校图书馆在创新发展校园文化品牌，将“思政教育”融入阅读推广活动，引领大学生群体关注思政、军事热点，培育强军文化等方面的建设思路和历程，希望通过加强多方深度合作，整合校内外文化讲座资源，加强人才队伍建设，拓展宣传路径等方式，拓展“蕙风讲坛+”模式的校园思政文化讲座品牌建设，增强培根铸魂针对性，打造校园“文化育人”高地。

关键词：思政教育；文化育人；校园文化；讲座

1　引言

中国互联网络信息中心发布的第 50 次《中国互联网络发展状况统计报告》显示：截至 2022 年 6 月，我国网民规模为 10.51 亿，互联网普及率达 74.4%[1]。数字化时代，读者们更多追求网络阅读、短视频学习，呈现浅阅读、知识碎片化的特点，很难达到思政教育的功效。2022 年，习近平总书记

本文系湖南省哲学社会科学基金项目“智慧图书馆知识服务体系研究”（项目编号 23YBA041）、湖南省哲学社会科学基金项目“基于多源异构数据深度聚合的图书馆智慧知识服务模式研究”（项目编号 22YBA043）研究成果之一。

在致首届全民阅读大会的贺信中指出：阅读是人类获取知识、启智增慧、培养道德的重要途径，可以让人得到思想启发，树立崇高理想，涵养浩然之气[2]。教育部思想政治工作司在2023年工作要点中提出要“强化数字赋能，加强网络思政教育”[3]。在军队院校，图书馆通过开展丰富多彩的阅读推广活动可以更好地促进读者阅读习惯的养成，通过校园文化品牌建设可以促进思政教育的发展。

国防科技大学图书馆以“打造强军文化”为使命，以营造书香校园为己任，坚持开展常态化、创新性的阅读推广活动，结合军事、科技等学科领域的鲜明特色和优势，将“思政教育”融入阅读推广活动，重点打造了以“蕙风讲坛”为核心的校园文化品牌。五年来，“蕙风讲坛”不断创新服务方式、丰富服务内容，选题着眼于军事、思政热点，校园影响力不断提升。文章以国防科技大学图书馆开展的“蕙风讲坛”活动为例，探索了军校图书馆在创新发展校园文化品牌，将“思政教育”融入阅读推广活动，引领大学生群体关注思政、军事热点，培育强军文化等方面的建设思路和历程，并提出通过发挥“价值引领、隐形教育”的导向优势，运用“蕙风讲坛+”模式，打造校园“文化育人”高地。

2 “蕙风讲坛”校园文化品牌建设现状

“蕙风讲坛”其名取自西晋文学家左思的《魏都赋》：“珍树猗猗，奇卉萋萋，蕙风如薰，甘露如醴。”讲坛通过邀请军内外知名专家学者、文化名人、杰出青年等为我校学员开展学术、文化方面的讲座，对学员们进行科学、人文、美育素养等方面的熏陶和培养，给学员们提供了近距离与专家学者、文化名人学习交流的平台，成了校园文化中一道独特的风景。自2018年创办至今，“蕙风讲坛”累计举办讲座40余期，先后邀请了陈薇、徐贵祥、王飞雪、王新国、王雪松、王立新、金灿荣等院士、知名教授、军内外文化名家、杰出青年担任主讲，参与和受益的师生达数万人次，在提升大学生文化素养、丰富校园文化生活、文化强军中做出了突出的贡献。

2021 年 11 月 10 日，“蕙风讲坛”邀请到了中国人民大学国际关系学院副院长金灿荣教授，为师生读者们解读“百年变局下的中美关系”。在宣传预告之初，本次讲座就受到了各校区读者的热烈关注，讲坛以“线下+线上直播”模式，在国防科技大学长沙校区一号院、三号院、南京校区、合肥校区分别设置主会场和 14 个分会场，千余名读者参加了此次讲座，在校园内外引发热烈反响，部分学院领导、学校军干班首长也莅临主会场参加了此次讲座。

目前“蕙风讲坛”拥有长期而稳定的关注群体，受到学校领导、教员和学员广泛认可和推崇，每场讲座读者如潮，入座率达 120%。活动结束后，读者们意犹未尽，纷纷为“蕙风讲坛”建言献策，希望能拓宽嘉宾邀请渠道，邀请更多知名专家教授来校授课。

3 以“蕙风讲坛”为核心的校园文化品牌为“思政教育”提供了滋养的土壤

3.1 图书馆是高校思政教育的前沿阵地

图书馆是学校的文献信息资源中心，也是文化传播的重地。作为高校思政教育的主体，图书馆在大学生思政教育中发挥着重要的作用[4]。《普通高等学校图书馆规程》中指出：“图书馆应全面参与学校人才培养工作，充分发挥第二课堂的作用。”校图书馆在长期的读者服务和校园文化活动中为大学生成长成才提供了广阔的实践基地，为大学生思想政治教育打下了坚实基础。作为校园思政文化宣传推广的前沿阵地，近年来图书馆推出了“蕙风讲坛”“Nature/Science 快讯”“主题书展”“科图影院”四大阅读推广品牌和“世界读书日”“新生季”“毕业季”等系列活动，充分尊重学员的主体性，通过阅读推广活动增强了思政育人工作的针对性、实效性、多样性和互动性，引领青年学员们正视时代责任和使命，坚定理想信念，铸牢军魂。

3.2 “蕙风讲坛”为思政教育提供了滋养的土壤

习近平总书记在党的二十大报告中提出，要“推进文化自信自强，铸就社会主义文化新辉煌”。青年学员正处于世界观、人生观、价值观形成时期，受短视频 App、自媒体等新兴媒体冲击，各种思想文化交流交锋更加频繁[5]。“蕙风讲坛”以讲座的形式传递名家们严谨的科学精神、高深的学术造诣、丰富的军旅阅历，使学员们在收获知识的同时筑牢“军魂”，领略名人风采的同时感受人文精神的魅力，从而激发学员的忠诚品格和血性胆气，保持昂扬向上的道德情操。第一位走上“蕙风讲坛”的主讲嘉宾——“埃博拉终结者”陈薇将军，就以亲身经历告诉学员“一个人的职业选择如果能与国家重大需求相结合，个人价值就会成倍放大”，在场学员听完后触动很大，坚定了不忘初心、坚持梦想，扛起新时代强军兴军使命担当的信念[6]。

4 影响“思政教育”深度融合校园文化品牌建设的制约因素

4.1 缺乏长期纲领性目标引领，影响力提升受限

品牌建设的形成并非一蹴而就，而是具有一定的周期性，需要有统一的战略规划来明确目标方向，指引行动。“蕙风讲坛”创办五年来，活动的宗旨比较明确，每年也有年度工作计划，但是由于缺乏长期纲领性目标引领，影响讲座品牌的提升与发展。

4.2 缺乏深度合作，规模效应不明显

随着讲坛影响力的扩大，凭一家单位之力难以实现讲座品质和社会效应的大幅提升。为扩大品牌建设规模，“蕙风讲坛”先后联合科研学术处、高科技培训队、前沿交叉学科学院国防科技战略研究智库、研究生院等校内单位，并牵手“博学大讲堂”等校内讲座品牌开展活动，通过一系列活动的开展，取得了一定的联动效应。但各单位之间深度合作不明显，讲座主题也呈

现零散现象，系统性、延续性不强。

4.3 优质嘉宾资源不足，延续性不强

当前“蕙风讲坛”主讲嘉宾以校内、军内专家教授为主，主要来自高科技培训队推荐的军干班首长，优质嘉宾的来源和数量都受到限制。许多国内名人的出场费均为市场定价，知名专家的出场费更是高于一般学者，受此限制，“蕙风讲坛”想邀请到读者呼声较高的专家学者有一定困难。

4.4 人力资源短缺，难以维系品牌发展

“蕙风讲坛”的发展需要专门团队进行组织和保障。当前图书馆尽最大限度调动了馆内资源，保障好每一场讲座。某场讲座更是出动了 20 余名馆员进行线上线下保障。“蕙风讲坛”持续发展面临的现实问题是图书馆专业技术人员短缺，随着讲座频次增加、体系化成型，持续性优质保障将难以维系。

5 发挥“价值引领、隐形教育”的导向优势，运用“蕙风讲坛+”模式，增强培根铸魂针对性

阅读推广是图书馆服务创新的亮点和发挥思政育人职能的重要工作渠道。图书馆形式新颖、丰富多彩的阅读推广活动吸引了广大学员的积极参与，提高了学员们的思想道德素质和科学文化素质，培育和践行了社会主义核心价值观[7]，具有“价值引领、隐形教育”的导向优势。图书馆通过拓展“蕙风讲坛+”模式，打造校园思政教育品牌，可以有效融入学校思政教育体系中，不断提升自身的育人服务能力，提升学员对“思政教育”的获得感。

5.1 拓展“蕙风讲坛+”模式，合力打造全校性思政教育品牌

要保持校园品牌的影响力，需要与多方力量深度合作，走一条“蕙风讲坛+”发展道路，通过中长期发展规划，使选题更具系统性，服务辐射面更

广。比如在选题策划上，与高科技培训班合作推出“将军论坛”；与文理学院合作推出“人文历史”讲座；与军事基础教育学院合作推出“军事战略”讲座；与国际关系学院合作推出“国际防务”讲座等。在讲座服务方面，可以与异地多校区图书馆、军队院校图书馆、公共图书馆合作，将讲座推送到异地校区、全军乃至全社会，实现优秀思政文化资源的共建共享。

5.2　打破资源限制，联合汇聚优质主讲嘉宾

随着活动的持续开展，“蕙风讲坛”急需打破校内、军内专家资源的局限，汇集更优质、更多样化的主讲嘉宾资源。为此，建议通过“蕙风讲坛”专项建设，进行嘉宾邀请、活动保障、服务购买等，以整体服务购买的方式解决嘉宾邀请过程中面临的困境；或“蕙风讲坛”与院系联合出资邀请嘉宾，为校园文化品牌的可持续发展提供支持。

5.3　适当增加人员编制，建设全流程活动保障团队

“蕙风讲坛”的活动流程包括嘉宾邀请、活动策划、讲座主持、协调合作、宣传报道、多会场布置、音视频录制编辑等，亟须一支具备专业技能、创新思维活跃、组织能力突出的人才队伍。当前图书馆人员编制少任务重，为持续建设有影响力的校园思政教育文化品牌，需要适当增加图书馆专业技术人员编制。

5.4　拓展宣传路径，积极开展正面舆论引导

打造有影响力的校园文化，不仅要靠高质量的讲座活动，还要有积极正面的舆论导向。用好“微信公众号”“抖音号”“微信视频号”等新媒体进行多渠道、多手段的宣传和报道，对于提升影响力至关重要。为了让优质的思政文化讲座惠及异地校区及基层连队等，“蕙风讲坛”需要在条件充足的情况下，从线下走向“云端”，扩大活动的辐射面。另外，还可以通过将讲座的内容汇编成册、相关音视频资料精选上线等途径，让讲座的思政影响力持续发力。

6 结语

图书馆通过以高质量讲座“蕙风讲坛”为核心的校园文化品牌活动，以“价值引领、隐形教育”的导向优势，探索出了一条将“思政教育”融入阅读推广活动的有效途径，促进了校园文化建设。“蕙风讲坛”从名不见经传的讲座活动成长为拥有大量“粉丝”的校园文化品牌活动，被全校师生认同推荐，已然成了一张校园思政教育文化名片。图书馆将继续立足思想政治教育，体现强军文化特色，不断丰富和提高讲座水平，加强品牌影响力建设、提升讲坛社会成效，在潜移默化中引导学员们树立高尚品格，打造校园思政文化育人高地。

参考文献

[1] 第50次《中国互联网络发展状况统计报告》发布[EB/OL].(2022-09-01)[2023-08-10]. https://www.gov.cn/xinwen/2022-09/01/content_5707695.htm

[2] 习近平致首届全民阅读大会举办的贺信[EB/OL].(2022-04-23)[2023-08-10]. https://www.gov.cn/xinwen/2022-04/23/content_5686827.htm.

[3] 教育部思想政治工作司2023年工作要点[EB/OL].[2023-08-10]. http://www.moe.gov.cn/s78/A12/gongzuo/yaodian/202302/t20230221_1046541.html.

[4] 张晓东.“三全育人”理念下高校图书馆思政教育路径与对策研究[J].图书馆工作与研究，2019(7)：33-37.

[5] 马俊，张秀丽.传播先进文化 打造城市品牌——“林邑讲坛”的实践与思考[J].兰台内外，2020(18)：75-76.

[6] 廖佳，郭婷.军队院校图书馆阅读推广活动品牌化运作设计——以国防科技大学图书馆“蕙风讲坛”为例[J].图书情报导刊，2020，5(4)：6-11.

[7] 王幸美.新形势下高校图书馆服务育人创新研究[D].郑州：河南工业大学，2018.

“双一流”建设背景下高校图书馆传统流通服务的转型与创新

邓　莉　廖　佳

国防科技大学图书馆，湖南长沙，410073

摘要：“双一流”建设背景下，在现代信息服务逐步替代传统的实物服务趋势下，怎样为读者提供优质服务是高校图书馆流通部门亟待解决的问题。本文通过分析高校图书馆流通部门在服务转型过程中面临的挑战，探讨了流通部门传统服务转型与创新的路径。

关键词：双一流；高校图书馆；服务转型

为中国高等教育综合实力和国际竞争力的提升，2015 年党中央、国务院对新时期高等教育重点建设做出新部署，即建设世界一流大学和世界一流学科，简称“双一流”建设，这是我国高等教育领域继“211 工程”和“985 工程”后又一重点建设项目。党的十九大报告中，习近平总书记提出要加快一流大学和一流学科建设[1]。在此建设大潮中，高校图书馆作为高校学术科研的服务保障部门和人才培养重要机构，如何发挥学科支撑作用，为师生提供增值服务，实现自身良好的可持续发展是当前高校图书馆亟须思考和研究的问题。

1　高校图书馆流通部门工作模式转型的必要性

建设“双一流”高校图书馆，原有服务都必须进行全方位的转型与创新。尽管在数字化时代，智慧图书馆的建设成为主要趋势，电子资源占比越来越重，但是传统的借阅服务仍然具有不可替代性，纸质馆藏资源依然是高校图书馆资源不可缺少的部分。在这内外交困的形势下，流通部门必须致力于馆舍的充分利用和不断优化，馆藏资源质量和借阅率的提高，以及馆员服务能力和读者满意度的提升。在处理好图书馆自身建设的基础上，推广和吸引读者对图书馆纸质资源的利用。

传统流通服务转型与创新的关键在于处理好基础服务和延伸服务的关系，既要把本职工作做到极致，也要丰富拓展服务内容和服务模式。作为图书馆窗口的流通部门面临着诸多挑战，要用多元深层次的服务代替简单机械的日常工作；让读者享受到“淘宝式”的服务体验，与读者形成密切的伙伴交流关系。图书馆不再仅限于提供借还服务，更注重的是读者的需求；图书馆馆员也不再只是做资料的收集和整理工作，而是需要不断更新自身知识储备，适应改革大潮，成为新时代研究型、开放型的图书馆馆员。

高校图书馆的发展必须顺应时代潮流，以读者的需求推动资源建设，秉承以读者为中心的服务理念，提高读者对图书馆的利用率，积极参与学校教学科研活动，努力成为师生在科研道路上的合作伙伴，提升图书馆在科研过程中的学术保障能力，既能使图书馆得到良好可持续的发展，又为“双一流”高校的建设奠定了坚实的基础。

2　高校图书馆流通部门基础服务的现状与提升策略

一流的纸本馆藏资源保障是一流高校图书馆建设的重要支撑，也是图书馆的基础服务，虽然高校图书馆纸本文献资源建设已经十分稳定成熟，但改进空间依然很大。纸本馆藏的数量和质量、特藏资源建设、学习共享空间的提供、现代化设施设备的实时更新、多元化深层次的参考咨询服务等直接关系到高校科研学术成果的创新。

2.1　调整纸本馆藏资源，提高馆藏使用率

纸本馆藏资源是图书馆实现核心价值的基础，高校图书馆习惯于馆藏大

部头图书，缺乏对普通图书的挖掘和关注，忽视了读者的需求才是图书馆基础服务的问题所在。藏书已经不是图书馆的主要功能，所藏必须为读者所用才是现在图书馆应该重视的问题。有些学校机构调整合并后复本量没有得到合适的整合，同种类图书重复采购，质量参差不齐，某阶段集中突击式的图书采购使得图书质量没有保证，而且给馆藏空间造成较大压力，形成了图书有效利用率降低，存储空间紧张这样恶性循环的局面。因此，重组纸本文献资源是高校图书馆的共性问题，采取有效措施实现图书馆文献资源建设的可持续发展势在必行。

第一，利用大数据分析，优化馆藏结构。利用流通借阅平台提供的数据对读者的借阅倾向进行分析，能迅速为纸本文献资源的筛选提供具体详细的科学依据。同时定期与院系师生保持联系，邀请师生代表参与图书馆文献资源建设，征求图书订购意见，不仅能切实为师生提供精准服务，还能提高图书借阅量，实现图书馆的真正价值。根据读者需求和馆藏资源的实际情况对图书进行剔旧。参考剔旧指标，首先，剔除最近若干年借阅量为零的“僵尸书”；其次，对于近几年借阅量没达到一定数值而且复本量较大的书，尽量减少复本量。在了解了图书馆藏的基础上，再利用合理的典藏排架模式进行布局。在明确原则、方法科学的情况下既优化了馆藏资源，又合理利用了藏书空间，还能提供更舒适的阅读环境给读者。

第二，利用数字化服务，联结信息孤岛。图书馆是传承文化的圣地，图书馆资源有其连贯性和延续性。年代久远的实体资源由于存放条件、纸张等诸多问题，出现发黄、破碎等情况，而且读者无法在自动化设备终端检索到这部分资源信息，现代数字化技术是使其保存得到延续性的重要手段，也可方便读者检索与共享。在实行总分馆模式的高校，长期保存在不同区域但是查询率、利用率不高的图书，也可以通过资源数字化进行整合，不仅可提高馆藏文献利用率，减少信息的碎片化，确保读者利益的最大化，而且能将无序的纸本资源有序化。

第三，建立区域联合书库，缓解馆藏空间紧张问题。在长年图书积累的过程中，图书馆资源没有得到及时更新，存储空间紧张成为普遍性问题，科技手段的运用是解决这一问题的得力助手。为了缓解空间压力，高校图书馆通常采用建设密集书库等方式存放、管理老旧文献。剔除的图书、期刊报纸过刊、年深日久的中外文图书在这个区域密集排列，实行闭架管理，一般为非流通区域。现在的 RFID 技术基本能实现“僵尸书”的灵活运用，密集书库同样能进入流通环节，为流通部门的管理和服务提供便利。因此，图书馆馆舍若能最大限度地合理利用，可在一定程度上缓解藏书空间的压力，同时使低利用率资源得以长期保存和循环利用。

2.2　完善学习共享空间和设备设施建设，为“智慧”服务助力

相对馆藏资源建设而言，学习共享空间、设备设施这些因素在高校图书馆建设中并不占主导地位，但也在一定程度上决定了图书馆创新服务的实现。对于追求快速、高效的读者来说，学习共享空间和精良的设备设施能提供科研、阅读等一站式服务，是满足读者需求必不可少的条件，是图书馆服务理念、服务方式的创新。随着科技的日新月异和数字化服务的日趋成熟稳定，高校图书馆的服务模式和服务内容已发生翻天覆地的变化，不再只有单一的静默阅读服务，团队研讨成为常态，还需为双创发展提供学习共享空间，打造特色空间、智慧空间等也成为图书馆办馆方针的调整方向，智慧服务与传统文献资源服务相互依存、相互促进是高校图书馆的建设关键。

为实现图书馆智慧服务，保证快捷、及时、个性化的服务，图书馆陆续引进了一系列先进技术设备和管理系统，文献资源管理、借阅等流程实现自动化和无人化，提升了图书馆服务质效，读者的满意度显著提高；此外，也为图书馆员节省了图书上架时间，工作效率有了质的飞跃，更利于多元化深层次服务的开展。随着智慧图书馆建设的深入开展，高校图书馆在各项工作中融入数字化、智能化等新技术，提升了图书馆智能化服务方式和水平，为增强图书馆文化软实力提供了条件。

2.3 转变服务方式，成为知识服务专员

网络化时代读者已经能随时随地获取所需信息，图书馆的参考咨询工作似乎失去了其价值。所以馆员必须主动深入到读者中去，了解读者所需，用准确性、及时性、综合化、整体化的信息去满足读者的求知欲，让读者了解到图书馆参考咨询人员提供的信息与网络上各种搜索引擎提供的信息的本质差别。图书馆馆员必须不断学习提高自身的综合能力，才能提升参考咨询的服务能力和效果。具备面对读者的沟通能力，信息的收集、整合能力，学术知识导航能力等都是新时代图书馆参考咨询员所必需的。甚至利用信息科技专为读者开发管理软件，针对读者浏览记录、阅读习惯、潜在需求等为读者定制个性化书单，使读者享受贴心的阅读体验。因此，作为参考咨询的实践者，馆员自身必须深度了解本馆馆藏，对本校涉及的重点学科和专业了然于心，有针对性地为读者提供有效指导，从信息咨询员变为知识服务员；做好图书馆和读者之间良好沟通的桥梁，及时了解读者所需，做到图书馆资源和服务透明化，避免图书馆决策的片面性，造成资源的浪费，实现精准化服务。

“双一流”高校对图书馆馆员的要求更深、更专、更细。作为直接面对读者的流通部门工作人员代表着图书馆的形象和素质，必须在不断提高综合素质和能力的同时还要完善自身的知识结构，做好研究型图书馆的研究型馆员。

3 高校图书馆流通部门延伸服务创新探索

图书馆基础服务总体平稳，但是延伸服务还待探索，处理好两者的关系才能保证图书馆的可持续发展。延伸服务是图书馆为读者提供增值服务的关键所在，也有利于图书馆资源利用率的最大化。流通部门在延伸服务方面的努力方向主要集中在已有文献资源的开发和宣传方面。

3.1 注重特藏资源建设，传承文化与创新服务齐发展

不同的高校图书馆有本校特定学科或特定领域的特藏文献，具有不可替代性。注重特藏资源的建设，并发挥其优势，是图书馆办馆理念的体现，保持核心竞争力的重要指标，有助于图书馆创新服务的丰富和拓展。

然而，高校图书馆特藏资源的建设在诸多方面有待加强。首先，凸显高校自身特色的资源不够充实，没有形成自身特色，且内容的创新性和自主性普遍缺乏，注重古籍的收藏，重复建设的现象严重，甚至与本馆购买的电子资源重合。其次，已有的特藏资源流于形式，没有得到深度挖掘和利用，更有甚者使其成为一种摆设，不对外开放，没能为学校师生教学科研提供帮助，实现特藏资源的研究价值。

高校图书馆特藏资源的建设既要结合本校特色和优势，收藏本校历史资料，传承校园文化，也要建立重点科研成果库。第一，高校图书馆是学校的文化中心，应主动收集学校发展进程中的重要资料，依据脉络形成体系，成为具有史料价值和研究价值的特藏文献。除此之外，也应有针对性地收藏与学校重点学科及专业相关的稀缺资源，为学校学科发展和教学科研助力。第二，高校作为科研产出重地，科研成果的保存与展示是图书馆特藏资源的重要来源。学校师生在学习研究过程中发表的著作、珍贵手稿、学术论文、影响力较大的期刊论文、教学课件、科研报告等成果值得长期收藏，成为本校特藏资源，通过知识资源的共享，供师生进行科学研究，促进校园浓厚的学术氛围的形成，提升高校整体学术水平和科研实力。第三，珍贵的特藏资源怎样实现“藏以致用”同样很重要。现在的数字化服务为资源共享和破损文献的挽救提供了极大便利。通过建立数字化平台，供读者及时、自主在线上检索和使用，从而实现特藏资源价值的最大化，使图书馆馆藏特色更加丰富多彩，学校的办学特色更加鲜明。第四，通过各种形式的宣传推广活动，增加特藏资源“曝光”的机会，让读者熟悉并深刻认识高校特藏资源，从而真正在平时的学术研究中利用起来，使之在学校的教学和科研工作中发挥实实在在的作用。

3.2 做好二次文献开发，实现精准化服务

在信息大爆炸时代，资源从来都不会缺少，但是怎样合理有效利用的确需要引导。高校图书馆的馆藏分为电子资源和纸本资源，做好文献的二次开发，能做到电子资源和实体资源的互补，深度发掘图书馆资源，使得图书馆资源得到最大限度的使用，且是提供精准化服务的前提条件。

目前二次文献开发存在不够系统、全面的问题，开发力度不足，内容单一以及覆盖面不广，仅限于从自身水平出发，做力所能及的工作，没能以读者为中心提供学术服务。要做好二次文献开发，首先，要对本馆所拥有的中外文纸本资源涉及的学科和专业，以及电子资源的数据库、专题库等馆藏资源了如指掌。结合科研时事和热点难点问题，将馆藏资源以书展形式定期推出，让读者更方便快捷地浏览借阅。其次，要与学校院系和科研单位建立紧密的网络，了解师生所需所想，并定期进行跟踪联系。最后，要与各专业的师生进行合作，对馆藏资源进行深度挖掘利用，做到在“所藏为所用”的基础上为师生提供精准化服务。同时，根据馆藏资源与读者需求的匹配度，对馆藏资源进行调整和补充。对于利用率较低的外文资源，馆员利用自身的外语能力和情报判断力，先行开发馆藏精华部分，并以中文快报的形式连续不间断推出，打造图书馆特色品牌，充分调动师生参与图书馆馆藏资源建设的积极性。

3.3 利用微信公众号，打通“最后一公里”

图书馆所有的资源建设根本目的就在于为读者服务，怎样让读者了解到图书馆拥有什么，能做什么，对图书馆来说也是非常重要的工作。阅读推广的形式多种多样，比如给学校师生发传单，在馆内设计展板推出图书简介，开设专刊专架等，目前阅读推广的主要途径之一就是微信公众号。把先进技术应用到图书馆阅读推广服务已经成为发展趋势，特别是音频、视频等感官方面的推广服务，深受现代师生的欢迎。

高校图书馆运用微信公众号做宣传推广工作，有利于加强与读者的实时沟通，提升图书馆创新服务成效，更好地体现图书馆服务价值。要做好微信

公众号推广，首先，应明确本馆定位，打造精品原创文章。有针对性、导向性地推出与本馆形象相符且有吸引力的文章，注重文章质量，打造图书馆特色品牌。其次，信息发布频率和推送方式必须合理。可根据师生阅读时间、阅读偏好、阅读习惯等精心设计发布时间和发布内容，掌握好发布频率和方式。最后，要打造特色品牌，并保证服务的延续性。按照读者阅读偏好打造创新服务栏目，并持续性地推出系列推文，逐步形成一定的服务影响力；另外，要注重与读者互动，及时回复读者评论或者提问，适时开展抽奖问答等活动调动读者积极性，形成稳定的读者群体。

4 结语

“双一流”建设背景下，高校图书馆流通部门应抓住时代机遇，利用新技术新手段进行服务转型，通过基础服务和延伸服务相结合，实现服务突破与创新，切实为高校教学科研工作奠定坚实的基础，为建设“双一流”高校提供助力。

参考文献

[1] 孟海. “双一流”背景下基于 ESI 的安徽省高校学科竞争力分析研究[J]. 大学图书情报学刊，2020，38(3)：125-129.

[2] 钱明霞，金耀，李刚. “双一流”背景下地方大学图书馆服务创新研究[J]. 常州工学院学报，2018，31(5)：80-83.

[3] 陈斌. 基于“双一流”学科建设的高校图书馆特藏建设研究[J]. 内蒙古科技与经济，2018，414(20)：99-100.

[4] 龚花萍，余建兵，胡媛. 基于“双一流”建设的高校图书馆延伸服务调查与分析[J]. 图书馆研究与工作，2018(9)：48-54.

[5] 李倩. 双一流建设背景下高校图书馆图书剔旧实证分析——以南京林业大学图书馆为例[J]. 农业图书情报学刊，2018，30(7)：100-104.

新形势下高校图书馆员能力建设探析

涂 婷

国防科技大学图书馆，湖南长沙，410073

摘要：新形势下高校图书馆建设是高校科研建设的重要工作之一，而图书馆员的能力建设是高校图书馆发展的核心。本文分析了新形势下开展高校图书馆员能力建设的重要意义和基本内容，论述了新形势下高校图书馆员能力建设的主要途径。

关键词：高校图书馆；图书馆员；能力建设

高校图书馆是为教学和科研提供服务的学术性机构，高校图书馆的建设和发展水平代表着高校科研的总体水平，因此建设与发展图书馆是高校建设的重要工作之一。高校图书馆员的素质和专业水平是图书馆建设水平的重要表现之一，高校图书馆员的能力建设在图书馆建设中起着关键作用。随着科学技术和网络环境的蓬勃发展，高校图书馆逐渐由馆藏型图书馆向数字化智慧型图书馆转型，服务方式及服务理念也发生不小的变化。图书馆员作为图书馆和读者之间联系的“桥梁”，图书馆员的知识体系和能力都直接影响到图书馆的服务水平和服务效益[1]。在新形势下高校图书馆开展馆员能力建设，是图书馆实现“以人为本，读者第一”服务理念的关键因素，也是促进和推动高校图书馆事业发展的重要因素。

1 开展高校图书馆员能力建设的重要意义

随着计算机和网络技术的迅猛发展，我们逐渐进入了一个大数据的时代。信息化时代给高校图书馆的建设与发展带来了不少的挑战和机遇[2]。科学技术日新月异，新知识层出不穷，对高校图书馆员的知识体系和能力建设都提出了新的挑战。开展高校图书馆员的知识体系建设和能力建设，不仅可以促进高校图书馆发展，而且能够提升读者信息服务的效率和质量。

1.1 开展高校图书馆员能力建设，是高校图书馆适应新形势的必然要求

随着信息技术的发展，图书馆的服务内容和方式越来越多样化。面对读者多样化、多层次的信息需求，图书馆必须转变服务理念和服务模式，提高服务能力，在创新服务中最大限度地满足读者日益增长的信息需求。在这种情况下，图书馆员作为信息资源的管理者，只有具备了良好的专业能力和较强的工作能力，才能充分发挥出高校图书馆的学术职能。因此，开展图书馆员能力建设，提升图书馆员的综合能力，是高校图书馆的首要任务[3]。

1.2 开展高校图书馆员能力建设，是建设高素养图书馆队伍的必然要求

建设一支结构合理、素质高、能力强的图书馆员队伍，是高校图书馆完成信息咨询服务和提高文献检索服务质量的关键。高校图书馆面临着高科技的冲击和挑战，加强图书馆员能力建设是实现创新服务的关键。具备创新能力的馆员已是增强高校图书馆综合竞争力的核心因素。因此，高校图书馆要在制定系统和科学的发展战略上，做好图书馆员能力建设的开展工作，在提高馆员素养和能力上多钻研，按照建设智慧型图书馆的要求和需要[4]，努力培养一支具有综合素养能力和创新服务意识的图书馆员队伍。

1.3 加强高校图书馆员能力建设，是维系高校图书馆良好形象的必然要求

高校图书馆是为广大师生提供信息检索咨询的场所，开展图书馆员的能

力建设，对于树立图书馆良好形象具有十分重要的实际意义[5]。高校图书馆可以通过开展图书馆员的能力建设，来强化图书馆员文明服务意识、规范其服务言行、加强创新意识。通过提升图书馆员自身知识面貌和服务能力来营造出图书馆的良好形象，促进高校图书馆事业的蓬勃发展。

2　高校图书馆员能力建设的基本内容

在信息大爆炸的时代背景下，图书馆员要坚持自觉地学习新技术和新知识，优化自身知识体系结构，提升信息服务技能，加快图书馆员的角色转变。这就表明开展图书馆员能力建设是十分必要的。新形势下高校图书馆对图书馆员的能力要求越来越高，不同的工作岗位对图书馆员的能力要求也不一样。高校图书馆的服务范围更加广泛，服务方式更为多样，图书馆员的能力建设的要求也更高[6]。在新形势下，高校图书馆员能力建设的基本内容包括以下五个方面。

2.1　具备综合性学科知识和能力建设的自觉意识

数字技术的蓬勃发展及信息载体的转变促使高校图书馆的服务方式呈现出多样化的改变。在新形势下，不同学科之间相互渗透、交叉，这就要求高校图书馆在收集信息资料时必须具有多学科性和综合性的特点。这就要求高校图书馆员不仅要掌握图书馆学的专业知识，还要了解其他学科相关知识。高校图书馆只有具备综合性学科知识才能够满足新形势下全校师生对综合性信息服务的需求。馆员只有自觉地加强自身能力建设，主动地开展深入学习和研究，不断更新知识和完善知识结构、提高自身的综合能力，才能为读者提供多层次、多方面的咨询答疑服务和信息资源服务。

2.2　具备较强的计算机技术和数字网络能力

全媒体信息网络技术在高校图书馆的广泛应用，使得高校图书馆员必须具备对信息资源进行整合、归类、汇总等能力。随着图书射频技术（RFID 技术)、自动借还、读者体验中心(例如武汉大学图书馆的创客空间)等新技术、新空间被越来越多地应用到高校图书馆的日常工作中来，图书馆的各项工作都迸发出了创新性和科技感[7]。因此新形势下高校图书馆员必须掌握较强的计算机技术、网络搜索和信息识别能力，以便更好地为读者提供咨询答疑和学术研究方面的工作。

2.3 具备高水平的学术研究和创新能力

高校图书馆员可以通过高水平的学术研究活动来获得更多的知识和技能，进而优化其工作方式，为读者提供更好的咨询服务。高校图书馆员要通过多关注图书馆学发展的学科趋势和理论动态，自觉开展图书馆学发展方向的专项研究。在紧密结合自身本职工作的同时，时刻关注图书馆学不断涌现出的新特征和新动态，善于发现学术研究中的新知识面，从而通过理论结合实践的方法来提升自身的服务技能。图书馆员需要不断地通过自身的学术研究水平与创新意识的提高，来促进图书馆全方位的建设和发展。

2.4 具备较高的综合信息分析能力

信息资源在网络信息时代具有数量巨大、迅速增长、高时效性、交叉重复且无规律分散的特性。在这些庞大无序的数据信息下，读者无法分辨出哪些才是对自己科学研究有用的信息资源，这时就需要图书馆员对这些零散无序的信息资源进行优化整合分类。只有图书馆员具备了较高的信息分析能力，才能利用检索工具查找到对应的信息资源；并且图书馆员需要具有较强的信息敏感度，这样才能从动态的信息资源中捕捉到那些真正有用的信息资源；另外图书馆员必须具备对庞杂的信息资源进行分析的能力，能够从有价值的信息资源中筛选出不准确、待考证的信息资源；同时图书馆员还应具备对信息进行加工整理的工作，将所掌握的信息资源进行整合；还要具备将分析整合后的信息资源进行有效传递的能力[8]。

2.5 具备良好的人际沟通能力

图书馆的咨询答疑服务是图书馆员和读者进行信息交流沟通的一个过程。只有确切地了解读者的真实需求，认真准确地分析和解答读者的疑问，才能高效地让全校师生充分使用馆藏文献和信息服务。高校图书馆面向全校师生，不同的学科群体有不同的信息需求特点，因而提高图书馆员的人际沟通能力是尤其重要的。高校图书馆员要加强心理学、沟通技巧、礼貌用语等方面的学习，锻炼语言表达能力，提升咨询服务技巧，从而减少或避免与读者在交流时产生的冲突和误会，进而在图书馆营造出一个和谐的学术氛围环境。

3 开展高校图书馆员能力建设的主要途径

培养良好的服务意识和优质的服务水平是提升图书馆员能力的关键。通过开展图书馆员的能力建设活动，努力为高校图书馆员创造更好的环境和有利条件。高校图书馆开展图书馆员能力建设可以通过以下四个主要途径实现。

3.1 通过主动学习，增强高校图书馆员能力建设的自觉意识

图书馆员要自觉学习信息学科知识，增强信息意识，这是提高自身能力的基础。图书馆员在学习方法上要不断创新，在互联网环境下可采取不同方式来加强自身学习，比如可以通过中国大学慕课、网易云课堂和网易公开课等网络免费资源来灵活地开展相关专业学习。也可以通过有效地利用图书馆丰富的纸电资源进行自我学习。

3.2 通过参观见学和学术交流，使图书馆员了解学界业界前沿动态

高校图书馆可以定期组织图书馆员到同类兄弟院校图书馆去参观见学，创造与学术领域同行交流经验的机会。通过参观见学的方式来了解对

方的创新信息技术和新颖的管理方式，发现可借鉴之处，以便在自身的实际工作中加以改进。图书馆员可以通过参观学习和改进工作的过程中不断提高自己的服务水平、改善自己的知识体系来提升自身的专业能力水平和信息管理水平。

高校图书馆员获取信息能力还可以通过积极参加各类培训班、专业性讲座和学术论坛交流得到提升。各种培训班和专业讲座是获取和传播信息的有效平台，也是提高信息能力的重要途径。图书馆员可以针对自身不足的方面来选择性地参加一些培训班和专业讲座，可以有针对性地补充其专业知识，及时地了解到一些图书馆学专业方面的新动态。高校图书馆员可以通过参观见学、培训和学术论坛交流来了解到不同领域信息的创新发展，获得同行的宝贵经验，搜集到各类相关信息资料，开阔眼界，从而在改进工作方法和工作态度上来提升自身的综合能力。

3.3 建立有效的激励机制，为加强图书馆员能力建设提供制度保障

高校图书馆只有通过制定有效的竞争与激励机制，才能充分调动起馆员工作的主观能动性。建立激励机制，可以通过公正、公开的业绩考核制度，对馆员的工作业绩进行客观准确的评价。完善的业绩考核制度，能让馆员树立起奋斗目标和实现自我价值的成就感，激发其学习意识、服务意识和创新意识。激励机制的建立，可以促进馆员在工作与专业技能上开展相互沟通与交流，在馆内形成一种良好的学习氛围，在这种积极向上的学术氛围中，图书馆员自身的综合能力及其业务水平可以得到不断提高。

4 结语

高校图书馆员服务能力水平的高低，直接影响着图书馆职能是否能有效发挥。具有创新意识和较强的服务意识的优秀图书馆员是需要通过丰富的工作实践和图书馆内浓厚的学术氛围来培养的；图书馆员应该加强自身学习，完善知识体系，加强服务意识，在服务上大胆创新，这样才能在高校

图书馆事业中起到举足轻重的作用。开展高校图书馆员的能力建设，不仅为图书馆员提升自身价值带来了方向和动力，也为高校图书馆事业的发展带来了新活力和新方向。因此，研究和开展高校图书馆员的能力建设是切实有效地提升高校图书馆职能发挥的重要途径[9]。高校图书馆只有通过开展图书馆员的能力建设，并为其提供良好的能力建设氛围和途径，才能真正地培养出符合新形势要求下的优秀馆员，从而在根本上提升高校图书馆的业务能力，让高校图书馆在科学研究和学术发展中作出更大的成效，使得高校图书馆事业在充满机遇与挑战的新形势下不断发展和进步。

参考文献

[1] 管文玲. 浅析信息时代图书馆员素质的提升策略[J]. 黑龙江史志，2014(3)：56-57.

[2] 宋晨晖. 浅谈网络环境下高校图书馆员的培养[J]. 科技情报开发与经济，2014(7)：51-53.

[3] 赵桂敏. 加强图书馆员能力建设的思考[J]. 中共四川省委省级机关党校学报，2016，20(3)：53-55.

[4] 曹晓霞. 新世纪图书馆员应具备的素质和能力[J]. 图书馆，2018(2)：183-185.

[5] 滕玉石. 图书馆员在服务转型期的职业素养建设[J]. 科技情报开发与经济，2019，19(12)：17-18.

[6] 童梅莉. 信息时代图书馆队伍建设的思考[J]. 农业图书情报学刊，2012(9)：223-225.

[7] 邓佳. 我国高校图书馆在线信息素养教育资源调查及建设策略[J]. 图书情报工作，2014(4)：86-7.

[8] 卢纯佳. 试论图书馆馆员综合素质的培养[J]. 大众科技，2013(4)：33-34.

[9] 王伟. 高校图书馆宣传推广活动的组织与策划——以天津财经大学图书馆员为例[J]. 青年文学家，2012(15)：291-293.

加强图书馆基层群众思想政治教育的党建工作实践

陈蕾蕾　赵金柱　高　迪　涂　燕　张　璇　任月飞
国防科技大学电子对抗学院图书馆，安徽合肥，230037

摘要：思想政治工作是政治建军的重要组成部分，军队院校图书馆人员类型多，群众基数大。增强基层党组织建设，充分发挥基层党组织的战斗堡垒作用，将加强党组织建设与做好基层群众思想政治教育工作相结合，凝心聚力促进中心工作。

关键词：思想政治教育；党建工作；培养；战斗堡垒；强军思想；服务保障

宏伟擘画绘蓝图，砥砺奋进开新局[ ]。思想政治工作是国家工作大局的重要方面，是政治建军的重要组成部分，做好思政工作尤为关键。基层群众思想政治教育工作是思想政治工作的一个主要内容，党的根基在人民，基层群众路线是我们党的基本生命线和根本工作路线。

1　综述

近年来，随着我国国防和军队建设的不断推进，人民军队的思想政治教育工作得到了高度重视和深入发展，先后出台了《关于构建新时代人民军队思想政治教育体系的意见》《军队思想政治教育规定》《以实际成效检验思想政治教育办法》等多个重要文件，旨在构建和完善新时代人民军队的思想政治教育体系，确保军队的思想稳定和战斗力提升，为推进强军事业提供坚强的思想政治保证。当前，做好军队思想政治工作具有重要的现实意义。

1.1 有利于聚力备战打仗实现强军目标

军队是要准备打仗的，在习近平强军思想引领下，军校的人才培养工作必须围绕能打仗、打胜仗的目标展开。思想政治教育作为党对军队实施思想政治领导的基本路径，必须适应社会形势要求创新和重塑。开展基层群众思想政治教育，聚焦主责主业、归正教育重心，恢复和发扬我军思想政治教育向战为战的光荣传统，全面提高我军备战打仗能力。

1.2 有利于提升基层群众思想道德素质

图书馆人员类型多样，有军人、文职人员、军队职工和聘用人员（四种类型属于并列关系，此处军队职工为军队特有人员类型，非一般广义上的职工）。随着军事改革的深入，聘用人员成为图书馆各项工作的具体实施者和主力军，其思想道德素质决定图书馆工作人员的服务意识。思想政治教育就是有组织有计划地开展形式多样、内容丰富的思想政治工作，用社会主义思想和共产主义最高理想去引导广大干部和群众走社会主义道路，全心全意为社会主义现代化建设贡献力量、为人民服务；把思想政治工作与实际业务相结合，让思想政治工作渗透到各种具体实际工作中去，保证党的路线、方针和政策在社会主义现代化建设中得到正确贯彻和执行[2]。

1.3 有利于树立良好的工作作风促发展

军校图书馆是院校的文献信息资源中心，是教员进行科学研究的基地，是学员课堂教育的延伸和补充。思想政治教育是我国精神文明建设的重要内容，开展思想政治教育，可以帮助基层群众树立正确的世界观、人生观和价值观，聘用人员作为图书馆工作人员的一个重要组成部分，其形象和业务素质也直接影响着图书馆效能的发挥。加强基层群众思想政治教育，做好基层党组织建设工作，对于提高聘用人员的履职能力，提高图书馆整体保障水平有着重要的作用。

2 关心关爱聘用人员成长，确保基层党建工作落到实处

江山是人民的，事业是人民的，奋斗是人民的，幸福是人民的，唯有全党全国人民同心同德才能够同舟共济，群策群力才能够无坚不摧。这就需要将党建思想政治教育工作和基层党建工作融合在一起，不断提升基层党建工作的实效性，创新基层党建工作，让党建思想深入群众中，为构建和谐稳定的群众基层奠定重要基础。

2.1 关心关爱聘用人员，激励其担当作为

图书馆的发展必须重视聘用人员的作用，必须坚持以人为本的基本原则，尊重和关心聘用人员，了解他们在工作、生活中可能存在的问题，并想方设法为其解决困难，充分激发和调动他们的主动性、积极性和创造性。党员干部应多深入基层，加强谈心交心，紧密联系群众，了解群众所想，千方百计帮助他们解决思想、工作、生活中遇到的实际问题，有针对性地做好思想工作，以激发大家工作热情。俗话说得好："身体是革命的本钱。"健康是人生最大的资本和最珍贵的财富。图书馆党组织平时教育督促聘用人员加强身体锻炼，交流心得，共同进步。聘用人员应积极踊跃参加运动会，以优异成绩为图书馆夺奖添彩。为了维护群众的身心健康，为他们撑起"健康保护伞"，体现对群众的关心关爱，图书馆每年都组织一次聘用人员健康体检活动。通过年度体检，让广大聘用人员对自身健康问题做到早发现、早预防、早治疗，确保他们以健康的体魄、饱满的热情投入工作中，同时也让大家感受到组织的关爱和温暖，有效增强图书馆工作人员队伍的凝聚力和向心力。

2.2 发挥先锋模范作用，提升教育保障质效

"打铁还需自身硬"。在组织生活中，要坚持全面从严治党，党要管党，

加强对党员同志的监督、教育和管理，健全党内政治生活，严格执行党的各项纪律，增强党组织的凝聚力、创造力和战斗力。图书馆为广大教员、学员提供文献资料保障服务，为学院的教学科研发展提供有力的信息支撑。不仅要“端好盘子”，热情服务、阳光运行，还要“备好食材”，做好图书文献资料的采购工作，才能达到高效实施、精准保障的质效要求。革命时期，党员的示范作用表现在遇到敌人冲锋在前、不怕流血、不怕牺牲；新中国建设时期，党员的示范作用表现在积极进取，不断学习新技术、钻研新技术，为社会主义建设贡献自己的力量；改革开放时期，党员的示范作用更多体现在深化改革、勇攀高峰，不断适应时代发展、与时俱进的精神。领导干部作为单位和部门负责人，更要发挥好模范带头作用，当好“领头雁”，以身作则，以上率下。领导干部的先锋模范作用发挥得怎么样，关系到单位战斗力的强弱，面对新情况、新任务、新挑战，党员干部要走在前列，敢为人先，务实担当，在各项工作中带好头、立标杆，树起好样子，为他人树立起榜样。

在实际工作中，图书馆瞄准“一流”目标，扎实推进“决胜三年大变样、奋进五年大发展”的部署，将建设方案落地落实。党小组内发挥党员的先锋模范作用，敢于担当，主动作为，做好表率。图书馆工作人员有军人、文职人员、军队职工、聘用人员等四种身份(四种身份属于并列关系，此处军队职工非一般广义上的职工)，人员 21 名，分配在流通、采编、技术保障、数字化、教研档案、教材仓库管理、文印、消防安全、场馆维护维修等不同的岗位。党小组在培养人、带动人、关心人上做了诸多有益的工作，使图书馆成为一个人人向上、温暖团结的大家庭。党员干部具有“甘当梯子”的精神，做好“搭梯子”的工作。有的工作就是简单而平凡的，如阅览室的开放是“常年长时间”，每天值守 13 小时 40 分钟，无假期无休息日的开放，为学院的广大教员和学员提供了高标准的服务保障。

2.3　以老带新强引导，以新促老共进步

带新一定要“走心”，只有真心关怀，新人才能打开心扉。一是长期以来，图书馆坚持以老带新，熟悉岗位工作，不断促进聘用人员成长。近年来

我们成功吸收了一名文职人员新党员，党组织的示范作用得以加强。目前正在培养一名聘用人员党员。二是加强政治理论教育，把学习习近平新时代中国特色社会主义思想及习近平强军思想作为首要任务，结合“不忘初心、牢记使命”和“传承红色基因、担当强军重任”教育，以及百年党庆主题教育，统一思想，大力培育聘用人员热爱军队、创新奉献的精神；聘用人员自觉提高政治站位，增强建设国防的使命感和光荣感[3]。

3 培养并提升职业技能，基层党建工作取得实效

长期以来，军队始终坚持党管干部、党管人才。人才是发展事业的基础，人才强则事业强，人才兴则军队兴。只有加强人才建设，才能不断提高基层党组织凝聚力、创造力、战斗力，才能打造一支对党绝对忠诚、专业能力强、综合素质高，勇于担当、能够吃苦奉献的工作队伍[4]。

3.1 着重把握聘用人员思想状况，提升岗位任职能力

“为政之要，惟在得人。”在思想政治工作中时刻了解把握聘用人员的思想状况，要引用结合，将教育作为重点引导，促使强军思想成为基层群众思想政治工作的根本，强化基层工作者道德素质和作风建设，正确引导聘用人员价值观，强化服务意识、大局意识。重视人员的思想教育，鼓励人员在思想政治建设中提升工作效率，在强化政治思想教育中紧跟时代发展步伐，不断创造思想政治教育的新局面，为给读者提供全面优质服务而不懈努力[2]。

3.2 组织聘用人员业务技能培训，提高聘用人员职业素养

聚焦党在新时代的强军目标，以习近平主席新时代军事教育方针，以及习近平总书记对国防科技大学的训词“努力建设世界一流高等教育院校”为根本遵循，图书馆加大对人才培养力度，牢固树立鲜明的用人导向，充分调动聘用人员工作积极性。聘用人员的专业技能和综合素质的提升，可以通过加强继续教育学习的方式来实现。当今科技高速发展，图书馆工作人员需要

参加各种技能培训以适应工作岗位的需要，图书馆支持聘用人员参加继续教育学习和专业培训。2022 年以来，我们通过培训和继续教育，一名聘用人员考取了编目员证，还组织多名聘用人员参加图书馆专业知识学习和档案专业继续教育培训，通过在职培训，培养建立与高水平大学图书馆相适应的人才队伍，全面提高图书馆管理和服务水平，努力为建设世界一流高等教育院校作出更大的贡献。

3.3 一人多岗促进主责主业，激发人员工作能力

在加强政治建设、提高政治能力的过程中，怎样用党建工作指导带动业务工作？学院理论读书班暨党委（支部）书记集训中国防大学政治学院教授杜中武指出："围绕中心工作抓党建，抓好党建促中心。"图书馆业务工作点多面广，从图书馆核心业务，到学院会议保障工作，再到教研档案整理利用业务，到教材仓库管理业务，需要配合学院的大项紧急任务多，面临的发展建设任务重，人员逐年减少，其中，聘用人员占了大头，很多岗位一人多岗。我们坚持党组织生活的规范化，将单位的工作和发展任务与组织建设紧密结合，把党务工作融合于学院人才培养这个中心工作，解决好任务繁多与人员少的矛盾，细化岗位职责内容、规范工作流程、合理分配人员分工，提高人员使用效能，发挥好党组织围绕中心工作和大局，推动事业发展的战斗堡垒作用。

4 提高思想政治站位，切实提高服务保障能力

思想政治工作是党的思想建设和群众工作的一项重要内容，加强和改善党的领导最主要是加强思想政治工作，构建新时代人民军队思想政治教育体系，充分发掘官兵中蕴含的宝藏力量，让军队教育接地气、有生气，依靠官兵的智慧和力量烧旺教育炉火。

4.1 坚持强化政治引领

思想是行动的先导，将习近平强军思想融入思政教育的全过程，通过每周的政治理论学习，掌握习近平强军思想的脉络精髓。馆内所有工作任务的圆满完成都是团结一致、共同努力的结果。如果没有思想上的统一、行动上的一致、政治上的正确，就不会有个人的进步、任务的完成、单位的发展。

4.2 坚持严格管理要求

严格依法抓管理，组织聘用人员开展安全保密、群众纪律的教育，强化法纪观念、严守行为底线。对各类通报学习，做到全员学习，全员警示教育。组织参观校史展览、院史展览，让他们了解自身所处的环境，让他们意识到自身所需要承担的责任和义务。以高度负责的态度，抓好现行政策落实；要教育和引导聘用人员深切感悟军委、上级领导的关心与厚爱，激励他们爱岗敬业、拼搏奋斗，为国防和军队建设高质量发展做出重要贡献。

4.3 坚持瞄准一流标准

落实习近平总书记训词，做到两个高地，集智聚力建设世界一流高等教育院校，建设军事特色鲜明的一流电子对抗学院。落实学院“决胜三年大变样、奋进五年大发展”宏伟蓝图，构建新型教学信息资源中心。建设一流院校离不开教学科研保障支撑，建设一流的教研保障能力，靠的是一流的态度和一流的标准，要打造一流的保障品质，把平凡的事做出彩，把简单的事坚持做到极致，是每一个图书馆人的目标。

4.4 坚持加强党组织建设

加强图书馆党组织建设，鼓励广大群众积极向党组织靠拢，在发展党员工作中，严格控制标准，严把“入口关”“品行关”，充分发挥党员先锋模范作用，提高党员自身素质，提高党组织的凝聚力和战斗力。面对高等教育“双一流”建设对高校图书馆党建工作带来的考验与挑战，图书馆党组织以精准服务为抓手，拓宽服务模式，以强有力的组织力为保障，推动党建工作特色化发展[5]。

5 结语

新时代强军目标要求我们，必须大力加强基层群众思想政治教育，加强基层党组织建设，充分发挥基层党组织的战斗堡垒作用。必须坚持立德树人、为战育人，坚持自主创新、追求卓越，努力为新时代强国强军事业培育一流人才、出一流成果、做一流贡献。培养“能打仗、打胜仗”一流军事人才，为高素质专业化新型军事人才培养事业作出应有的贡献。

参考文献

[1] 李平. 新时期基层群众思想政治教育工作特点与对策[J]. 经济与社会发展研究，2021(28)：165.

[2] 姜一欣. 临床医护人员思想政治教育现状与对策研究[D]. 沈阳：辽宁中医药大学，2014.

[3] 张孝军. 抓好文职人员队伍建设[N]. 中国国防报，2021-12-01.

[4] 许文博，李传玉. 关于加强基层党组织建设路径研究[J]. 世纪桥，2021(3)：52-53.

[5] 李建伟. “双一流”背景下高校图书馆服务型党组织建设实践探索[J]. 智库时代，2020(21)：23-24.

第二篇 资源建设

关于军队院校中小规模图书馆资源建设方略的思考

张金兰
国防科技大学外国语学院图书馆，江苏南京，210039

摘要：在智能化图书馆时代，军队院校中小规模图书馆资源建设面临数字化、泛在化、智能化带来的巨大挑战。在信息化环境下走好智能化图书馆图书信息资源建设道路，需要因地制宜，聚焦特色学科专业，突出自身特色，形成自身定位，形成资源共建共享理念，要充分认识到通过新理念推进资源建设从而服务于军队人才培养的重大意义。

关键词：军队院校；中小规模图书馆；资源建设

1 引言

图书馆的信息资源建设是图书馆建设发展的核心内容。成功高效的信息资源建设策略是衡量图书馆建设是否成功的关键标准。对于军校图书馆来说，当前军队图书馆学者如傅亮[1]、赵群[2]、袁源[3]、张帆[4]等，已从共建共享角度思考图书馆资源建设问题，并达成一定共识。这种共建共享的路径主要是由国防大学等军队院校大型图书馆主导，但这并不意味着军队院校中小型图书馆在资源建设和服务上就没有自身的空间。

陆军勤务学院图书馆和海军工程大学图书馆基于军队院校转型需要和新时期"大数据"信息环境思考了军校图书馆新的资源建设生态问题，还提出了军校图书馆图书纸电一体化集成服务的新型管理模式[5]。国防大学政治学院图书馆通过重新定义新时期军队院校图书馆文献资源建设的内涵和外延，阐释了军队院校图书馆灰色文献和开源信息的学术价值，据此思考了军队院校图书馆开展内涵式情报信息服务的要义[6]。空军工程大学的余彩华则从学科资源建设和学科服务的角度研究了军队任职院校图书馆的优化馆藏建设问题[7]。陆军军事交通学院的李泽华、丁玉霞从基础环境、智能服务系统、特色信息资源 3 个方面系统论证了智慧图书馆的建设内容[8]。

大部分中小型军队院校图书馆在资源建设和服务上有自身的特色，但缺乏整体规划和思考。本文通过聚焦特色学科专业，突出自身特色，形成自身独特的定位，从理念层面探讨了军队院校中小规模图书馆资源建设的方略问题。

2 图书馆建设趋势和军队院校图书馆资源建设现状

图书馆建设的数字化、泛在化、智能化已经成为基本趋势。以人工智能、区块链、云计算、大数据为标志，以智能技术为核心的新技术融合正不断将图书馆转型引向深入[9]。数字化主要是指图书馆信息资源建设的方式和途径；泛在化是指图书馆信息资源的存在方式和总体学习环境；智能化主要指用户使用图书馆信息资源的方式和路径。这三种趋势从三个不同方面，定义了用户对图书馆的心理期望及未来图书馆发展的基本样式形态。

不可否认，大多数军队院校图书馆在数字化信息资源、泛在化信息环境，以及在智能化图书馆建设方面，存在着严重滞后的短板。究其原因，一是大多军队院校图书馆规模不大，资金有限，服务对象人数有限。用户需求是图书馆资源建设的基本动力，不同于地方大学和公共图书馆的巨量用户所产生的强大推动力，部队院校的小规模用户在推动其图书馆改革转型方面提供的动力也相对较小；用户数量也是图书馆软硬件建设投入的规模、图书馆信息资源存储量大小的决定性因素。二是军队信息资源管理上需要遵守军队保密规定，在很大程度上限制了数字资源的流通，制约了军队院校的信息化建设。军队信息资源管理中特别强调保密要求，包括一些资源本身，以及用户本身信息的敏感性等，使得其资源建设的网络路径不同于地方院校图书馆和地方公共图书馆在资源建设上依凭的公开网络环境。使用内网成了一种普遍选择，但内网对于图书馆信息泛在化建设有着较大的制约性。三是军队院校图书馆建设的理念还存在一定程度的滞后，主要缘于军队图书馆专业人才匮乏。军队院校图书馆在资源数字化、信息泛在性建设、使用智能化等方面一直缺乏来自用户层面的强有力推动，使得其在采用先进理念层面一直显得较为落后。而这种理念的落后反映了图书馆专业人才的短缺现状。

3 军队院校图书馆信息资源建设需要把握的几条原则

如何在信息化环境下走好智能化图书馆建设道路，需要因地制宜，突出自身特色，形成自身定位，把握好几条原则。

一是要体现为军服务，要让资源主动为军队院校教员学员服务，突出为战服务这个基本导向。作为存储海量信息库的图书馆，在服务用户特定需求上却面临越来越尴尬的挑战。如何合理选择数字信息以更好地满足读者需求，是新时期文献信息资源建设的主要难题之一[10]。军队院校中小型图书馆应根据部队院校学员培养的需要，为研战教战服务。除了加强院校人才培养所涉各专业的图书资源建设外，还要大力加强战史军史、世界主要国家综合实力与战略博弈、主要国家军事力量、战争实力与潜力、政治军事体制、新型战争概念与作战样式、智能化战争、战略思想、战争理论、战役战术、科技研发与实力、新兴技术与现代战争、各类武器平台、作战演训、国际安全与国际军事关系、国家安全等方面的数字化图书和数据库建设，体现为军服务、为战服务的鲜明特色。

二是以特色理念为牵引，紧抓自身特色资源，长期坚持资源品牌建设的基本思路。中小规模图书馆的资源容量、投入规模、人员队伍都是有限的，这就必然要求在资源建设上不能面面俱到，应有所侧重；各军队院校的学科专业也相对较少，这也使相应院校资源建设偏重这些学科专业；由于公共网络资源的极大可得性，院校教员学员获取一般性资源的渠道也日益多元化，所在院校图书馆也并非获取信息资源的唯一渠道。鉴于这些原因，军队院校图书馆的资源建设完全可以结合所在学院学科专业需要、军事人才培养需求，选取若干个有特色的重点方向，聚焦主题，进行重点投入、长期建设、系统规划，建设形成自身特色精品资源库，资源类型既包括传统纸质资源，也包括数字资源，既包括及时引进该特色专业领域的国内外精品数字资源库，也包括自建特色资源。这样，经过3~5年的资源建设和持续投入，即可逐步形成军队院校中小规模图书馆资源建设的品牌效应，建成一个研究型精品化的中小规模军队院校图书资源馆。

三是聚焦特色学科专业，发挥信息资源在学习和研究中的引领效应，构建成果孵化和人才孵化平台。成功的精品特色资源库本身就构成一种吸引力，吸引教员学员从事相应领域的深入研究和学习；它还是一种学习和研究成果的孵化平台，可用来促进相应特色领域的研究成果，引领推动学科专业的特色化建设发展；它更是人才孵化平台，既可通过引领学员进入相应特色领域的自主性学习，从而促进学员的研究和分析问题能力提升，又可促进教员围绕特色资源领域深入开展项目研究，引领教员聚焦相应主题进行深入研究，取得主题性精品研究成果，形成相应特色领域的国内或军内研究高地，还可以此特色资源的品牌效应吸引院外军地研究型人才来院工作，或进行学术交流访问，或进入学习深造，或参加博士后项目研究，等等，从而促进人才聚集效应的逐渐形成。

四是要搞好军民融合，形成资源共建共享理念，创建普通用户自主建设数字资源渠道，大力构建精品资源引进渠道，建设系列化优质精品特色资源。特色化精品信息资源库建设是一项长期工程，它需要长期的悉心经营。在这一建设过程中，仅仅靠一种资源建设手段和方式肯定是不够的，也不符合信息资源体系性引入和建设的基本逻辑，要充分发挥多元化渠道在建设和引进资源中的作用，充分借助地方专业性资源采购和建设单位的力量，共建军队院校特色精品资源库。在资源建设阶段，要充分调动读者参与自主数字资源建设的能动性。正如有学者指出，在数字时代，用户创造资源成为一种必然[11]，包括资源采购、资源使用、资源建设、资源加工、资源维护等各方面，在参与渠道上，读者可通过网络平台参与图书馆数字资源管理与建设的具体工作，如读者自主生成内容、组织聚合专题信息、评价信息等[12]。随着国内 AIGC 技术的日益广泛开发使用，军队院校图书馆还应尽快探讨使用人工智能技术提升从广泛科技文献内容中实现知识挖掘和利用的核心能力[13，14]。即使是采购引进的资源库，仍然可以根据自身用户需求进行资源二次或多次加工，构建形成对本院特定用户友好的资源获取系统。

4　关于军队院校中小型图书馆资源建设实践的思考和建议

一是避免规模上贪大求全，要坚持发展特色资源。军队院校图书馆除了国防大学、国防科技大学等大规模的大学图书馆以外，其他各军队院校大多数为中小规模的图书馆，其投入限制了资源建设的基本规模，其学科专业限制也使其没有进行大规模资源建设的动力；而且由于“全军一个馆”理念，以及军队数字资源共享的深入推进，各院校自身也没有必要进行这种贪大求全式的资源建设。因此对于中小规模的图书馆来说，一定要及早、主动形成自身的建设理念和资源建设方略，形成特色资源建设的长期规划。

二是避免资源建设形式化，要做好战略谋划。资源建设不是一蹴而就的，不是表面文章，也不单是几个数据库的拼凑，更不是简单的图书采购。资源建设是一项系统工程，更需要进行深入的战略谋划，它需要明确信息资源建设的具体领域，各具体领域的学科专业特点及其发展趋势；需要掌握国内外该领域资源建设的现状和趋势，掌握师生用户的资源需求；需要了解资源建设赖以支持的软硬件系统环境，了解其安装、使用和维护的一整套流程，等等。所有这些，都不是在短时间、少投入、非专业等条件下所能实现的，它是一项系统工程，要进行深入的专业了解和实践，确定资源建设方略，形成明确的资源建设分工，并在不断摸索中熟悉资源建设的要素和流程，才能取得有效成果。

三是避免资源结构单一化，注意满足用户的一般性资源需求。中小规模学院图书馆的特色精品资源建设方略，也并非意味着不顾及用户对一般性图书信息资源的需求。为了解决特色化和单一化之间的矛盾，需要熟悉图书馆所在学院的学科专业结构，并进行广泛的用户调研。一般来说，学院图书馆应确保所有用户都能获取广泛使用的一般性资源，例如国内知名的知网数据库，以及一些基本的外文论文数据库等；同时根据军队院校的基本需求，建设一批涵盖政治、军事、文学、历史、科技等领域的公共读物资源库，满足军队院校广大学员在政治学习、军事素养习得、历史学习、文学欣赏、科学技术了解等方面的一般性阅读需求。当然更重要的，是要根据学科专业特点形成合理的特色资源建设方略，从而满足学员教员在学习和研究方面的深层次资源需求。

四是避免专业服务业余化，确保资源建设和服务的专业化。图书资源建设是一项专业性很强的工作，也是一项需要长期身心投入的工作。军队院校图书馆专业人才匮乏，但这种专业性的欠缺并非不可以通过图书资源建设工作的长期实践历练来弥补，关键是要始终秉持一种专业性的态度，将图书资源建设的工作作为一项高度专业化的工作来对待，不断地学习积累图书资源建设使用方面的专业知识。如果把图书馆的资源建设当成一项非专业性的纯粹事务性工作来对待，那么很可能导致专业工作的业余化，进而使得图书馆特色资源建设的一整套思路和方略完全失效。

5 结束语

作为一项服务人才培养的重要支撑性工程，军队院校图书馆资源建设如何确立服务军队人才培养的明确导向，如何构建先进的资源建设理念作为指导，如何建立更能满足军队院校学员和读者学习需求的资源形式，以及如何最大效益地进行资源建设，这些都是极其重要的图书馆建设问题，在军队院校背景下更有其特别的含义。我们需要充分认识到军队院校图书馆在智能化图书馆时代面临的危机和挑战，充分认识到军队院校图书馆通过新理念推进资源建设从而服务于军队人才培养的重大意义，这是构建具有军队特色的中小规模图书馆现代新型资源系统的基本理念和必要认识。

参考文献

[1] 中国社会科学情报学会. 图书馆、情报与文献学研究的新视野(10)[M]. 北京：中国书籍出版社，2018.

[2] 赵群. 简析军队院校图书馆信息资源联建共享的成本与效益[J]. 新教育时代电子杂志(教师版)，2019(37)：224-225.

[3] 袁源，陈玲琳. 军队院校图书馆数字资源共建共享研究[J]. 高校图书情报论坛，2016(1)：21-23.

[4] 张帆，果青，郭艳华. 军队院校图书馆资源建设新生态构建[J]. 高校图书情报论坛，2018，17(2)：9-13.

[5] 贾林琛，陈抒. 大数据环境下军校图书馆信息资源建设[J]. 办公室业务，2020(14)：78-79.

[6] 伦宏，张靖园. 军队院校图书馆重要情报源灰色文献和开源信息的建设策略[J]. 图书馆，2022(8)：66-71.

[7] 余彩华. 军队任职院校图书馆学科资源建设与利用研究[J]. 中文科技期刊数据库(全文版)社会科学，2021(1)：172-174.

[8] 李泽华，丁玉霞. 军队院校智慧图书馆建设[J]. 军事交通学报，2022(1)：47-50.

[9] 柯平，邹金汇. 后知识服务时代的图书馆转型[J]. 中国图书馆学报，2019，45(239)：4-17.

[10] 廖书语，叶继元. 文献信息资源建设中的读者参与研究[J]. 图书与情报，2020(5)：32.

[11] 柯平，邹金汇. 后知识服务时代的图书馆转型[J]. 中国图书馆学报，2019(1)：4-17.

[12] 廖书语，叶继元：文献信息资源建设中的读者参与研究[J]. 图书与情报，2020(5)：32.

[13] ChatGPT 对文献情报工作的影响[EB/OL].[2023-08-10]. http://www.las.cas.cn/zhxw/202302/P020230228397474449539.pdf.

[14] 张智雄，于改红，刘熠等. ChatGPT 对文献情报工作的影响[J]. 数据分析与知识发现，2023(3)：36-42.

以红色文化资源建设助力思政教育的探索与实践

陈蕾蕾　涂　燕　赵金柱　张　璇　高　迪　任月飞

国防科技大学电子对抗学院图书馆，安徽合肥，230037

摘要：通过阐释红色文化资源的基本概念，深刻把握红色文化资源的重要意义。在高校思政教育活动中，图书馆发挥自身优势，将红色纸质资源和电子资源建设相结合，多方位挖掘红色信息资源，探索多种形式、多种渠道的宣传展示平台。打造红色学习空间，依托各类红色文献主题阅读推广活动，拓展教育载体，构建红色资源网络文化，持续更新线上红色资源，推进红色平台建设，多维度、多渠道辐射红色文化影响力，助力学院思政教育。

关键词：图书馆；红色文化；思政教育；红色教育平台

1　引言

习近平总书记指出“要把红色资源利用好、把红色传统发扬好、把红色基因传承好”[1]。在意识形态多元化发展的前提下，做好红色教育的重要性日益凸显。在高等教育的主阵地，高校图书馆不断加强红色文化资源建设助力高校思想政治教育，在高等教育人才培养、红色文化传承等方面发挥作用日益明显。图书馆利用资源和场地优势，收集、开发、使用红色资源，有益于现代化高质量思想政治教育课程的体系建立，有助于推进新时代高校学生进一步深化爱党爱国的崇高使命感和责任感，红色文化资源在读者思政教育中发挥着价值引导、价值激励及价值规范的关键作用。

本文以总结国防科技大学电子对抗学院图书馆在红色文化资源建设和宣传推广方面的经验做法为基础，分析图书馆在利用红色文化资源开展思政教育的过程中还需要加强的措施。研究目的是促进图书馆做好红色资源的挖掘和整合，充分发挥其信息传递职能，做好红色文化的宣传推广，使学生能够深刻地理解红色文化的内涵，助力思政教育。

2 深刻把握红色文化资源重要意义，为思政教育开源头

2.1 红色文化资源的概念

红色文化资源，主要指的是中国共产党领导中国人民在实现民族复兴的百年历史进程中具有资政育人功能的实践资源、体现中国共产党初心与使命的制度资源，以及反映民族精神的思想资源。红色文化资源内涵广泛，内容丰富。从广义上说，红色文化资源多指那些弘扬爱国主义精神，提倡积极向上，顺应历史，正面宝贵的精神和实体物质集合，包括但不限于有形资源，还包括无形资源。从狭义上来理解，红色文化资源特指中华民族、中国人民以中国共产党为领导，在第二次国内革命战争、抗日战争、解放战争时期所留下的历史痕迹和精神财富[2]。

2.2 红色文化资源在高校思政教育中的重要意义

随着现在高校的教育对象、教育手段、社会环境等客观条件的快速变化，传统的思政课程体系日益难以满足多元化及多变的高校思政教育需求。将红色基因融入学院整体文化中，成为开展思政教育不可分割的重要部分，高校红色资源的开发利用势在必行[3]。

红色文化资源对文化传承有着重要的直接影响。高校思政教育绝不是脱离社会环境、脱离历史进程的孤立系统单元，它是民族文化传承的重要渠道，高校图书馆对红色文化资源的建设是传承中华优秀传统文化的重要方式

和途径[4]。因此，在学院思想政治教育中辅助红色文化资源，对传统文化传承有着天然的促进作用，反过来，浓厚的传统文化土壤又能更好地激发红色文化资源的作用发挥，帮助学生自发地、深刻地理解爱国主义精神，两者相辅相成。

红色文化资源对高校学生综合素养有着重要影响。红色文化资源是共产党人在革命斗争、经济建设等关键环节所形成的宝贵精神财富，每一个红色文化资源的背后都凝聚了共产党人的大无畏精神和崇高理想。在当前错综复杂的国际形势和日益多元的意识形态背景之下，高校思想政治教育课堂需要红色文化资源，需要在学校内多渠道播撒红色文化的种子，突破传统灌输式的课程体系，在红色文化资源浸润下成长的高校学生，必然会有着更优异的品格。

红色文化资源对高校的思想政治课堂有着重要促进作用。红色文化资源不仅见证了中国革命、建设和发展的光荣历史，昭示了马克思主义的科学性、中国共产党的伟大性和社会主义道路的必然性，也是社会主义核心价值观教育的重要载体，有着极其特殊的时代价值。在意识形态日益多元的今天，必须充分挖掘、使用、传输红色文化资源背后的历史素养、爱国精神，积极引导高校学生正确树立价值观。

3　红色文化资源建设的探索与实践

3.1　加强纸本采访，营造红色文化氛围

纸质文献作为记录和表现红色文化的主要载体，是红色文化资源传播的主要渠道和手段。图书馆加强经典文献、理论研究、文学作品的采购，引导读者深入学习“四史”，为其了解中国革命与新中国建设伟大成就提供生动素材。在红色纸本文献建设方面，以读者需求为牵引，通过线上“云书馆”活动，鼓励读者荐购红色文献纸质资源，扩充图书馆红色文化资源馆藏。

图书馆为了营造良好的红色文化氛围，不断推进红色文化纸本建设和推

广。近年来我馆开展了以“传承红色基因，担当强军重任”为主题的书展活动，以“悦读百年党史，回顾红色征程”为口号，展出红色经典历史、党史党章、党风廉政建设、共产党人传记等系列图书1000余册，弘扬红色传统，铭记党员责任，牢记“利用好红色资源，传承好红色基因”宗旨，配合各类阅读推广活动，为学院红色文化建设提供了有力支持。

除了特色主题书展，我馆常年展示关于“党史、党建、党章”的红色纸本资源，还构建了红色实体学习空间——“政治理论研修间”，把宣传红色文化作为常规性工作，不断提升红色纸本资源品质，定期更新，推进红色经典阅读，分享红色阅读心得，激发大学生对红色阅读的积极性，形成良好的红色阅读氛围。

3.2 拓展教育载体，构建红色资源网络文化

随着网络技术的发展和新媒体的兴起，网络新媒体日益成为读者学习、生活的重要平台。利用网络新媒体技术和信息传播技术开展红色网络资源建设，宣传红色文化资源，助力学院思想政治教育，也是图书馆发挥教育职能的重要途径。图书馆在网站开设“红色影视”专栏，收录《上甘岭》《百团大战》《中国蓝盔》《袁隆平》等优秀影片，通过这些红色经典作品重现历史场景，歌颂英雄人物，加强爱国主义的宣传教育。

引进超星“智慧党建”歌德学习机，内存党建类电子图书1000册、电子报刊200种、党建视频500集。读者通过移动终端“扫一扫”，精品党建类图书和视频随时随地可以观看。通过党建数字资源，读者可以实时感知党建动态，获取党建信息，图书馆成为传播党的理论的重要阵地。

开展红色全景爱国主义教育平台建设，将红色教育基地以3D实景形式呈现在读者面前，配上专业讲解，为广大读者提供交互式的爱国主义全景体验。全景体验以爱国主义教育基地、红色景区为主，如“辛亥革命纪念馆”“遵义会议纪念馆”“西柏坡红色景区”“焦裕禄烈士陵园”等。

3.3 依托阅读推广，扩大红色文化影响力

图书馆广泛开展阅读推广活动，不仅能有效提升读者的阅读效率，还能通过丰富多彩的导读，激发读者阅读乐趣，在导向型阅读中实现知识的获取与文化的传承。图书馆以阅读推广活动为契机，加大红色文化资源传播力度，让红色文化资源建以致用，不断增强文化自信，制度自信，充分发挥图书馆在高校教育中的第二课堂作用。

在院机关的指导下，图书馆策划组织了“回首百年沧桑巨变，感悟红色中国奇迹”主题征文，“百年荣光　薪火相传”有奖答题，以及“重温百年党史，传承红色基因”党史知识有奖竞答等大型阅读推广活动。活动围绕推广党史、新中国史、改革开放史、社会主义发展史、军史等学习和红色经典著作阅读，引导读者全面了解建党百年的光辉历程、伟大成就和宝贵经验，充分激发读者“学史明理、学史增信、学史崇德、学史力行”，在学院掀起红色文化学习的浪潮。不同主题的阅读推广活动有效推动了读者有针对性地阅读，扩大了红色文化影响力。

4 夯实红色文化资源助力思政教育实效需强化的措施

习近平总书记指出“图书馆是滋养民族心灵、培育文化自信的重要场所”。高校图书馆作为红色文化资源的重要载体，日益发挥着越来越显著的作用。军校图书馆要不断推动红色文化资源进军营，充分利用现有红色文化资源，引领读者一起品读红色经典，将阅读推广与党史学习教育相结合，唱响红色文化主旋律，营造浓郁的红色阅读氛围。

4.1 挖掘红色文化信息资源，探索多维度教育展示平台

大学校园红色文化是彰显大学内涵与特色的缩影，大学图书馆要充分发挥好自己对文献的收集、采购、挖掘和建设的专业优势，利用各种平台和各类文献资料，积极地参与校园红色文化的建设，助力学院红色思政教育[5]。

通过多途径将图书馆打造成为主题教育、党史学习教育和红色文化教育的重要基地。

4.2 打造多样阅读空间，推动红色文化进军营

为更好地传承红色文化，挖掘时代价值，图书馆在一楼大厅布置红色实体学习空间，并在网站醒目位置设置了红色文化展示专区。根据现有馆藏，结合学院党史学习教育安排，精心挑选适合我院学生阅读的红色纸本资源，不仅展示常规的党史、党建类纸本文献，还展示各位革命者的生平事迹，以及党建类教材和党建相关类红色纸本资源，同时读者还可通过扫描书展上的二维码进入数字平台，申请党建类教材的内容等。这种多样化的获取方式，打造了图书馆优质的红色文化阅读空间，为我院“红色思政教育”提供了空间和资源便利，让读者愿意走进图书馆，充分利用图书馆资源，领悟“读书好，读好书，好读书”的思想精髓，让学员们在阅读中培养高尚情操，在阅读中领会军人的责任与担当，在阅读中汲取永不言弃、奋发向上的精神力量。

4.3 搭建红色文化传播平台，培根铸魂有成效

在信息和技术飞速发展的时代，图书馆要不断尝试现代方法，结合传统手段，运用互联网、大数据和云计算等新技术，积极适应当今全媒体时代信息文化传播特点，搭建资源丰富、使用便捷的红色文化传播平台，充分发挥红色文化资源在思政教育中的重要作用。

图书馆通过“红色影视”“智慧党建”“红色全景爱国主义教育平台”等新形式宣传红色文化资源，使得资源利用效率和效益均有所提高，受到读者的广泛关注和好评。图书馆将继续加强红色文化资源建设，探索红色文化资源利用新形式，筑牢培根铸魂成效，让红色教育更深入人心，为新时代坚定文化自信提供强大的精神支柱。

红色文化资源在高校思政教育中具有重要意义，高校图书馆要注重发挥思政教育工作的主动性，充分利用资源建设基础和宣传优势，做好红色文化资源的挖掘、推广工作，提高红色文化资源的效用。

参考文献

[1] 石书臣，张朋林. 习近平关于红色文化重要论述的德育思考[J]. 思想政治教育研究，2019，35(5)：1-6.

[2] 袁子英. 红色资源数据库建设研究——以筹建贺龙图书馆为例[J]. 图书馆学研究，2012(14)：46-48.

[3] 王群，王琮. "双一流"建设背景下高校图书馆功能与定位的再思考[J]. 图书情报工作，2020，64(13)：41-50.

[4] 王波. 王波谈高校图书馆阅读推广的发展方向[J]. 晋图学刊，2019(4)：1-12.

[5] 肖海清. 高校图书馆参与校园红色文化建设的思考[J]. 图书馆工作者研究，2021(1)：36-42.

高校图书馆数字资源建设现状及对策研究

何　敏　刘寒冰　翟欢庆　李新乐

国防科技大学信息通信学院，湖北武汉，430000

摘要：本文对图书馆数字资源的概念及建设意义进行了探讨，分析了当前高校图书馆数字资源建设的现状，提出了切实可行的建设对策，旨在推动图书馆数字资源建设的优化和可持续发展，为读者提供更好的信息支持服务。

关键词：高校图书馆；数字资源；建设

1　引言

信息化时代，科技的进步、教育现代化的发展推动了高校的教学和科研建设工作。高校图书馆作为高校收藏文献信息资源的专职部门，履行着为教学和科研服务的职责，对高校的学科建设和教学科研工作的开展有着显著影响。数字资源建设是高校图书馆建设的重要组成部分，能最大限度地发挥图书资源的价值，满足用户全方位的信息需求，对图书馆数字资源展开研究是当前图书馆建设的重要课题。

2 高效建设图书馆数字资源的重要意义

2.1 提高图书馆资源的利用效率

图书馆数字资源可以在网络环境中进行传输和利用，充分利用了网络传输能力的最大效果和全天候服务的特点，解决了纸质资源传播的时效性和覆盖性上的不足之处，有效地提高了图书馆资源的利用效率。

2.2 有效提高图书馆服务质量

图书馆的重要职能是为读者服务。数字资源以其特殊的优势，为读者提供 24 小时在线服务。这些服务不仅能够彰显出图书馆与时俱进的一面，也是提高图书馆服务质量的关键因素。

2.3 可供多名读者进行阅读下载

图书馆数字资源的建设能够成为解决图书馆副本量不足的有效手段。由于网络传输的便利性，多个读者可同时阅读或下载所需的数字资源，从而减少图书馆的副本采购量。其存储方式和传播优势大大增加了图书馆所提供的知识范围，提升了读者对图书馆的借阅体验。

2.4 有力促进教学和科研发展

高校图书馆数字资源对学科资源提供了有效的保障，为教学和科研提供了多元化的服务。教学和科研离不开信息，而图书馆的数字资源是最大的信息源之一。教师和科研人员可通过图书馆数字资源获得教学资源、学术研究动态及最新研究热点。

3 数字资源建设的概念及分类

数字资源建设，即借助数字化手段把声音、文字、动画、图像等信息，做数字化的加工与处理，并对已有的数字信息资源，实施科学合理的规划、采集、选择及组织，确保形成可资利用的数字资源体系[1]。

图书馆数字资源来源于三个方面：馆藏文献资源的数字化、网络资源下载和电子资源库采购[2]。①馆藏文献资源的数字化。主要来源于馆际交流、收集，院内采集、整理，是各个图书馆根据自身的需要和特点自建的特色资源数据库。②网络资源下载。主要是将网络上免费的资源进行整理后归入图书馆的数字资源。③电子资源库采购。主要来源于公共购买，即图书馆需要支付一定的费用购买的公共资源，优质的资源供应商和持续的资金投入是其建设规模、质量的重要决定因素。

4 高校图书馆数字资源建设现状

4.1 公共资源数据库存在盲目采购问题

图书馆在购置资源时，缺乏对读者阅读需求的深入了解，对数字馆藏的管理和利用效果缺乏应有的分析及评价机制，片面注重数量，购买产品时内容有重复和类似的情况，造成所购资源缺乏实用性和针对性。许多高校在采购公共资源过程中，缺乏宏观规划，片面追求数据库的规模和数量。

4.2 存在轻特色资源开发的问题

公共资源数据库虽然为我们提供了比较齐全的综合类资源，但每个高校都有自身的专业特色和资源需求，相应的图书馆也有符合本院校特色的馆藏，原创价值高，再生难度大。目前一些图书馆在数字资源建设方面，较少考虑符合本校教学、专业特色的资源，存在轻特色资源的开发问题。

4.3 存在忽视网络免费资源的问题

互联网是一个巨大的资源宝库，其中开放获取资源是免费学术资源的重要组成部分[3]。图书馆如何选择和利用这些免费的网络资源提升馆内信息存储数量并传递给读者是图书馆获取数字资源的来源之一。目前高校图书馆对开放信息资源的整合力度不够，数量十分有限。

4.4 存在数字资源宣传力度不够的问题

注重数字资源的采购而缺乏对资源的宣传及培训是目前高校图书馆存在的主要问题之一。如部分学生对图书馆新增加的数字资源不了解其内容和使用方法，对资源的检索技术不熟悉，导致不能有效地访问数字资源，影响利用率。这使得我们迫切需要提高图书馆员综合素质及服务水平，积极开展对数字资源的宣传。

4.5 存在对馆员业务素质重视程度不够的问题

图书馆员的素质最终决定着数字资源的建设成效。然而高校图书馆员面对全新的信息化服务方式，对业务素质重视程度不够，许多馆员服务意识和工作能力有待提高。因此，高校图书馆迫切需要馆员成长为既熟悉业务知识，又精通计算机和网络技术的复合型人才。

5 高校图书馆数字资源建设对策

5.1 科学规划数据资源采购内容

图书馆信息资源的建设应在统一规划下有目的、有计划、有重点地进行采购。图书馆可了解兄弟院校图书馆用户使用该产品的情况，并结合本校实际情况和读者的需求进行调研。对已采购的公共数据库，应对点击率、下载次数和频率等数据进行统计，以及对其学术价值和前沿性进行分析以判断该数字资源是否需要继续更新。总之，要根据综合评估及需求分析的情况有选择、有重点地购买技术成熟、有学术价值、有延续性且适合本校具体情况的数字资源。

5.2　加强特色数据库建设

特色资源数据库，属于馆藏特色的表现部分，是一个大学图书馆服务工作水平高低的重要体现，也是图书馆对院校学科专业建设提供支撑的基础。因此，高校图书馆数字资源的特色建设显得十分重要，只有具有本校专业特色的数字资源才具有生命力[4]。可考虑引进自建数据库资源聚合平台，对数据库后台进行统一管理，有效提高自建数据库的利用率，充分发挥其作用效益。并在此基础上开展学科专业特色数据库建设，促进特色资源建设工作高质量可持续性发展。

5.3　加强开放信息资源的搜集和整理

对互联网上信息资源进行整合最主要的是满足读者对大量开放资源的需求，同时可有效节约图书馆购置数字资源的经费，因此各图书馆应利用信息化的技术条件优势，根据用户需求，准确发现和提炼适合本校特色的互联网免费开放的有价值的网站资源，并对这些网络资源进行分析、分类和整合，用以扩充图书馆的数字资源，加强图书馆的资源集成，完善图书馆网络资源配置。

5.4　积极宣传数字资源，提高利用率

积极开展对数字资源的宣传：①对新采购或建设的数字资源在图书馆通知公告栏目及时发布购置动态及使用说明。②定期开展数字资源使用方法培训，向广大师生展示图书馆丰富的电子资源，并对检索技术进行演示，让学生能够充分掌握数据库的使用技能。③采取多种途径加大与教职员工的互动和交流，如电子邮件、留言栏、实地采访等方式，充分了解读者对数字资源的需求与建议，使数字资源的采购和建设更加贴合读者实际需求。④利

用读书节或每年定期举办图书馆数字资源活动月，邀请资源供应商开展数据推广活动，比如对相关数字资源库进行阅读打卡活动，根据基于数据库文献检索、下载行为的活跃度进行评奖，调动读者的兴趣，提高读者对数字资源的关注度。

5.5 加强图书馆人力资源建设

高校图书馆应加强人力资源建设，重视人员素质的培养和提高，引进人才，并长期提供在职馆员培训和继续教育的机会，使馆员能够熟练掌握数字资源建设的理论知识和专业技术，提高其综合服务素质，造就一支精通业务、技术好、服务意识强的人才队伍。同时大量开展图书馆内部交流，各业务组之间相互学习、相互提高，推动图书馆信息服务的高质量发展。

6 结语

高校图书馆数字资源建设是图书馆建设的重要工作之一，对学校教育的发展和建设产生深远的影响。在图书馆持续发展的过程中，我们应积极对图书馆数字资源进行合理的规划，探索数字资源建设的新途径，提高数字资源的服务水平，采取有效的措施，从多方面考虑，建立规范的数字资源体系，更好地为广大读者服务。

参考文献

[1] 黄海清. 高校图书馆数字资源建设的现状及对策初探[J]. 中国管理信息化，2015，18(15)：199-201.

[2] 黄如花. 数字图书馆原理与技术[M]. 武汉：武汉大学出版社，2005：122.

[3] 吴坤玲. 海南省高校图书馆数字资源建设研究[J]. 图书馆学研究，2013(10)：44-47，57.

[4] 朱琴华，田伟. 高校图书馆的特色建设[J]. 大学图书馆学报，2007(6)：88-90.

军校图书馆特色馆藏建设现状与思考
——以电子对抗学院图书馆为例

涂　燕　陈蕾蕾　赵金柱　高　迪　张　璇　任月飞
国防科技大学电子对抗学院图书馆，安徽合肥，230037

摘要：特色馆藏是高校图书馆馆藏资源体系建设的重要内容，学术价值显著。以电子对抗学院图书馆建设的特色馆藏为例，根据建设现状分析在建设内容、采集渠道、建设效益等方面存在的问题，从制度保障、标准规范、人员队伍建设等方向提出解决策略。

关键词：特色资源；特色库；建设效益

1　引言

受高校类型、学科专业偏向性、地域及历史等因素影响，高校图书馆在文献资源的收藏侧重点存在差异，但经多年积累一般都能形成图书馆自身的特色资源。当前，特色资源建设是高校图书馆促进校园文化建设、支撑重要学科专业发展的重要方式，也是助力“双一流”建设的立足点。特色资源体现了图书馆的核心竞争力，比如以名人档案为特色资源的上海交通大学李政道图书馆、西安交通大学的钱学森图书馆等。军校图书馆特色资源建设则更多是围绕学校重点学科或优势学科，借助本馆的特色馆藏资源基础和图书情报专业优势，广泛汇集相关学科领域的各种信息资源并进行集成整合，深入开展知识挖掘和知识服务，打造特色鲜明的学科资源保障体系。如空军指挥学院图书馆建设的军事图书总库、军事期刊论文资源库等，国防大学图书馆建设的军事教育学科数字图书馆等。

本文以国防科技大学电子对抗学院图书馆特色资源建设为切入点，分析围绕学院办学特色，依托长期积累的馆藏资源，建设电子对抗特色信息资源中心的案例，总结其在特色资源建设中的可取之处及尚需改进的地方，为今后图书馆自身的特色资源建设工作及其他院校图书馆在特色资源建设方面提供借鉴。

2 电子对抗学院图书馆特色资源建设现状

2.1 馆藏纸质特色资源建设现状

自办馆以来，电子对抗学院图书馆的资源建设工作就以能够服务于学院的学科建设和发展为重点，结合学院重点学科和特色专业设置，不断优化馆藏纸质资源配置，侧重加大特色专业相关书籍的采购和原生资料的收集。随着资源的不断积累，图书馆于2010年开设专业资料室，将与学科紧密相关的图书、期刊、历届研究生学位论文等集中展示并提供阅览服务，当前图书馆有阅览席位148个，图书9236种，期刊138种。

2.2 特色数据库建设

随着信息技术的发展，电子对抗学院图书馆在专业资料室建设开放之时，同步开展了电子对抗数字图书馆建设。电子对抗数字图书馆以建设电子对抗专业特色数据库为主，根据资源类型分类，分别建设图书、期刊论文、学位论文、会议论文、研究报告等多个数据库。特色数据库的建设主要依托图书馆多年馆藏的特色资源，借助数字化设备进行扫描、处理成为电子资源，再经过建库、字段标引、发布等以数据库形式展现，为读者提供利用。当前电子对抗特色数据库资源数量已达10万余条。

在特色数据库建设起步阶段，电子对抗学院采用军队院校数字图书馆系统(MADL)平台进行建库、数据加工和发布。2018 年图书馆启动电子对抗信息资源中心建设项目，对数字图书馆进行升级，包含图书馆门户网站、统一检索和自建数据库平台等，统一后台管理。建设以学院原生资源为基础，集电子对抗领域文献资源和网络信息资源采集于一体的电子对抗信息资源中心。2019 年图书馆开始启动馆藏纸质资源数字化服务外包项目，对馆藏专业图书、期刊、教材等进行数字化和数据著录加工，在新的自建库平台进行发布利用。目前新建电子对抗特色资源数据库群数据已达 2 万余条。

3 特色资源建设存在的问题及分析

3.1 特色资源内容难以界定

军校图书馆特色资源建设与学校重点学科有着紧密的联系。一方面馆藏特色资源为重点学科建设提供资源基础，而重点学科建设水平又能促进或制约着图书馆特色资源的建设，因此特色资源建设的内容尤为重要。目前存在的主要问题有图书馆馆员对于学院学科专业的发展和主要的教学科研内容了解不够深入，在电子对抗专业类特色资源建设内容收集、著录分类等阶段都容易发生偏差，收集范围太广就会造成建设的特色资源不够“特”，范围太窄就会内容不丰富。另一方面建成后的特色资源在学术价值和实用价值方面，以及对重点学科及项目的保障作用方面都难以得到充分保证。如我院的电子对抗专业类图书在中图分类法里就是 TN97，如果只收录 TN97 分类下图书内容就显得单薄，但是如果扩展至雷达、通信、网络等相关分类的内容就很广泛，因此，图书馆必须把握好这个度。

3.2 特色资源采集的渠道不畅通

图书馆目前的特色资源建设一方面主要依托图书馆馆藏纸质资源，如重点关注出版社出版的中图分类法中相关分类的图书，学院专业相关的期刊，相关行业领域的重要会议的论文集，相关科研院所发行或出版的情报资料等。近年来由于各期刊出版机构陆续停刊和调整，在特色资源采集上难度加大。另一方面我院原生的学术研究成果也是特色资源建设的重要部分，尤其是原生的介于“白色文献”(公开出版)与“黑色文献”(完全保密)间的“灰色文献”最具特色[1]。但是在实际建设过程中“灰色文献”也是最难获取的。在构建原生文献数据库过程中，我们发现通过机关处室整体移交的学位论文数据最为完整。实践表明在特色资源采集过程中只有形成一套完整的机制才能使采集渠道畅通。

3.3 特色资源数据库建设持续性不足

图书馆自2010年开始特色资源数据库建设，由于人员岗位调整和经费保障等问题，2014年后特色资源数据库建设基本处于停滞状态。在编制改革调整后2019年又重启特色数字资源建设，并对数字化设备、软件及硬件存储平台进行升级。虽然进行了部分数据回溯建库，但是遗漏也很多。特色资源建设需要在人力、财力和制度等多重保障下，才能持续和发挥应有的效用。

3.4 特色资源使用效益不佳

特色资源建设是为了服务教学科研，是为读者提供利用，但是不管从专业资料室的流通阅览情况分析还是特色数据库后台阅览下载统计数据，结果都不容乐观。一方面可能与特色资源建设的质量有关，特色资源建设内容不够“特”或者实用性不够，与读者需求相关性不高。另一方面也可能与对资源的宣传推广不够、读者对特色资源建设项目不了解、特色资源数据库在图书馆网站位置不够显著等有关，特色资源建设的作用没有有效发挥。

4 特色资源建设实施策略思考

4.1 建立健全制度保障和资金支持

特色资源库多数存在各个图书馆自建自用的问题，在人力、物力及财力上造成了极大的浪费。因此需要从学校乃至全军院校层面建立健全制度保障，来组织协调图书馆特色数据库的建设，从根本上改变目前特色数据库建设各自为政、条块分割的局面，促进资源共建共享[2]。资金支持也是不可或缺的，没有经费支撑，一切建设无从谈起。设立专项经费是重点学科文献资源建设的经济基础，也是特色馆藏资源建设的基础，另外合理、客观地分配经费使用方向也是必要的。健全制度保障和资金支持，有利于特色资源建设的连续性，原生资料收集的便利性和完整性。

4.2 制定统一的标准规范

通过制定统一的方针政策、法规法令、发展规划、标准规范和实施方案，是推动特色资源高质量建设的根本保证，也是实现军队院校资源共建共享的重要前提。标准化原则包括使用统一的系统和软件平台，及规范元数据标引格式和文献著录等。只有保证各军队院校图书馆之间统一标准，才能确保文献资源在更大的区域范围内实现系统性、完整性、兼容性和共享性。制定统一标准规范，组织论证特色文献资源建设内容，合理规划各单位特色资源建设的方向，实现资源共建共享，发挥资源建设应有的效益。

4.3 将读者需求导向贯穿特色资源数据库建设全过程

图书馆角色在不同技术背景条件下发生深刻变化，但是图书馆服务内涵始终如一。图书馆始终是依靠知识对象、利用知识过程来提供知识服务的工具，图书馆要围绕“一切为了读者，为了读者一切”这一服务目标完成资源建设和信息服务。要建设好图书馆特色数据库就必须牢固树立读者导向的理念，明确特色为谁而建。在特色数据库建设之初，积极寻找特藏资源优势与读者对特色资源需求的结合点，确定特色数据库能够解决读者的哪些问题、能够提供怎样的资源与服务、能够为读者带来哪些独特的信息价值，从而科学确定建设内容。在特色资源建设过程中，要根据读者使用情况和读者反馈及时进行资源和服务的调整，在边建设边调整的过程中，图书馆不仅能把握住特色资源建设的内容，还能对特色资源进行有效宣传推广，实现资源藏以致用、以藏促建、藏用并举的建设理念[3]。

4.4 优化馆员队伍，支撑特色资源建设

图书馆馆员承担着图书馆特色资源的开发和面向读者提供服务工作。为保证特色资源建设质量并为读者提供高效快捷的服务，发挥特色资源的效用，图书馆必须有一支具有图书情报专业知识且熟悉学院重点学科建设和研究方向的馆员队伍，承担起建设特色馆藏资源、开展特色信息服务满足读者需求的任务。目前主要是熟悉学院重点学科建设和研究方向并能提供知识服务的专业人才较少。为解决这个问题，图书馆一方面可以直接引进对应学科的专业人才，另一方面也可以在不影响图书馆日常读者服务工作的前提下，对本单位馆员进行培训，在图书馆内部组织工作人员不定期地学习相关学科内容，以增强馆员对专业学科的理解认同和提高其信息情报的服务能力。此外，图书馆还可邀请专家、教授参与特色资源建设工作，给予学科专业方面的指导和建议。

5 结语

军校图书馆应以馆藏资源为基础，与学院重点学科建设紧密结合，遵循保证重点、突出特色、共建共享等基本原则，整合学科馆藏资源与数字资源，建立具有自身鲜明特色的资源体系，满足广大读者的信息需求。基于特色资源数据库，开展学科资源建设、学科发展态势分析、学科竞争力分析及课题咨询等信息服务，为教学与科研活动提供多元化、高层次、高效率的数据支撑和决策支持，助力学校“双一流”战略建设发展。

参考文献

[1] 邓莉萍. 特色资源建设中文献系统性的建构[J]. 图书馆杂志，2022，372(4)：56-58.

[2] 张 惠. 基于用户视角的图书馆特色数据库建设再思考[J]. 情报探索，2021，281(3)：107-113.
[3] 吴亚芸，戴清杰，刘挂锋. 信息生命周期理论视角下的特色馆藏资源实践与探索[J]. 新世纪图书馆，2021(2)：39-43.

基于读者阅读行为分析的图书资源建设研究

张　璇　高　迪　陈蕾蕾　赵金柱　涂　燕　任月飞

国防科技大学电子对抗学院图书馆，安徽合肥，230037

摘要：随着人才培养模式的深化改革和信息技术的迅猛发展，军队院校图书馆图书资源建设无形中也发生了变化。我们不仅要建好纸质文献资源，利用智能化手段做好通识类文献资源的采购，比如优化发展“读者决策采购”（patron driven acquisitions，PDA）模式，还要突出图书馆特色文献资源建设。

关键词：纸质资源建设；分析；读者需求；特色文献

1　引言

随着人才培养模式的深化改革和信息技术的迅猛发展，图书馆在院校教育中发挥着越来越重要的作用，军队院校图书馆图书资源建设也随时代发展发生了很大的变化。国外军事院校图书馆资源建设的显著特点是减少纸质文献采购经费，将文献购置经费转而投向数字资源文献的建设。国外高校数字文献所占比例逐年上升，有的军校图书馆甚至停订了大量的纸质期刊，选择订购各种类型的电子期刊数据库[1]。

我国文献资源建设起步于20世纪90年代，1993年中国科学院文献情报中心、北京大学和清华大学启动了APTLIN项目，奠定了北京地区乃至全国图书馆资源共享的实践基础；1997年以国家图书馆为中心，成立了全国图书馆联合编目中心；1999 年包括北京图书馆在内的 124 个单位签署了《全国文献信息资源共建共享倡议书》[2]；2000 年中国数字图书馆工程立项，成为跨地区、跨部门、跨行业的系统工程；21 世纪初，由文化部组织规划了中国图书馆信息网络工程，旨在实现文献信息资源共享及全国图书馆界的合作；1998 年中国高等教育文献保障系统（CALIS）、2000 年国家科技图书文献中心（NSTL）先后启动建设，拉开了行业文献资源保障体系建设大幕并取得良好成绩[2]；同时，也加强了图书馆间的横向协作与联合，地区性的文献资源保障体系建设也取得了不小的成绩。

军事院校图书馆于 2008 年由原装备技术指挥学院图书馆研制军队院校数字资源建设平台（MADL），2014 年平台升级，使用至今；2011 年研制、启动军队院校图书馆信息管理系统（JXCALIS），至今运行良好[3]；2013 年底，在原总部机关的支持下军队院校图书情报协作联席会统一搭建了通用数字资源统一采购、联合采购服务项目，实现了通用数字资源联建共享共用，极大丰富了馆藏数字资源，节约了采购成本，取得了良好的效益。

2 读者资源利用需求分析

基于对我院本科生、研究生、教员和干部等读者资源利用需求分析，细分读者层，分析不同纸质资源对不同读者的作用，从读者资源利用需求看图书馆发展方向，分析读者阅读习惯，全方位满足读者资源需求，突出资源特色建设，更好助力我院科研。

2.1 2018—2022 年读者资源及需求利用分析

通过馆藏借阅数据，我们对 2018—2022 年读者资源利用及需求进行了分析（图 1）。我馆面向的读者类型多样，有本科生、研究生、教员和干部等。从图 1 可以看出：

第一，中国新闻出版研究院最新发布的第二十次全国国民阅读调查报告显示，2022 年我国成年国民人均纸质图书阅读量为 4.785 本。因此从总体上看，我院读者的人均年借阅量高于国民平均阅读量。从时间跨度上看，从2018年至2022年，不管是本科生读者、研究生读者还是教员、干部等读者，平均的年借阅量都呈增长趋势。这一方面反映出我院读者的阅读需求强烈，另一方面也对图书馆的文献保障工作带来了挑战。

第二，本科生的人均借阅量高于研究生读者，从读者对文献的需求角度分析，本科生学习了一些学科基础理论，具备一定的专业素养，他们人均借阅量高，说明他们对图书馆的文献依赖性较强，文献保障程度较高。

第三，教员和干部的人均借阅量较低，调查了解发现原因有三：一是这类读者的文化层次和认知水平较高，对文献需求的特点是求新、求快、追求专业深度，市场出版的专业书籍大部分已经无法满足其研究需要；二是相对于查找借阅纸质资源，这类读者更偏向于利用数字资源；三是为了方便快捷地获取图书，这类人员往往自费采购所需图书，而不是来馆借阅。

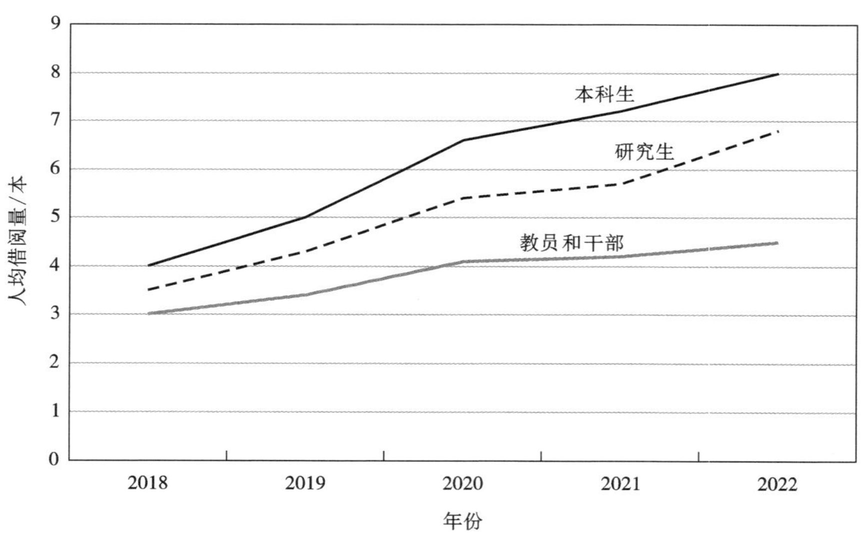

图1　2018—2022年不同类型读者人均借阅量

2.2 不同类型图书的借阅分析

金盘系统借阅数据显示，读者对不同种类图书文献的借阅需求表现出很大的差异(图 2)，借阅量排名前五的分别是 I 类(文学类)占 37.56%、T 类(工业技术类)占 20.49%、E 类(军事类)占 10.21%、K 类(历史地理类)占 7.10%、F 类(经济类)占 1.92%，其他类型占 22.72%。据此可以看出：

第一，I 类图书最受读者欢迎。I 类图书多为文学作品和畅销读物，内容上贴近生活，阅读难度相对较低，更加通俗易读，是读者放松身心，了解大千世界的优先选择。

第二，T 类和 E 类图书贴合军事院校读者需求，同时和我院专业相关性最强，也是每年图书采购的重点，新书更新上架快，是我院师生读者的借阅首选。

第三，从总体来看，读者的阅读偏好十分明显，如对 F 类(经济类)等图书的需求较少，其占借阅量的 1.92%，因此在今后的采购中，可以相应减少此类图书的采购。

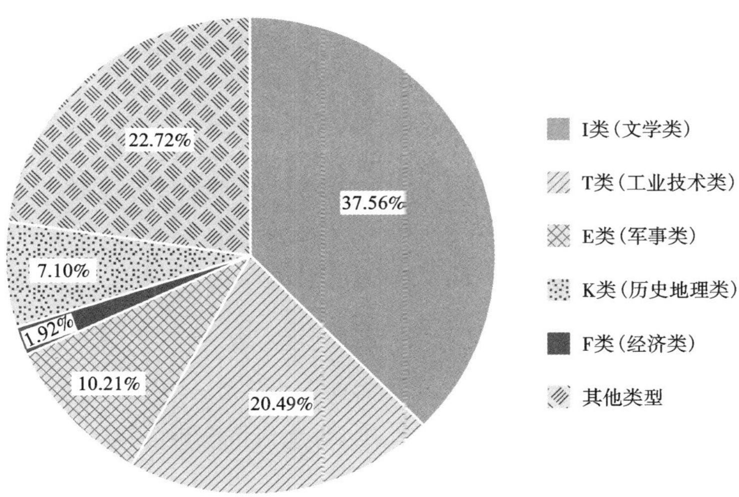

图 2 2018—2022 年各类型图书借阅量占比

2.3 从读者资源利用需求看图书馆发展方向

第一，纸质资源与数字资源协同发展，全方位满足读者资源需求。

科技和信息技术迅速发展，导致如今图书馆已经被各种多种媒体平台和数字化信息所填充。不得不承认，数字化的阅读方式已经成为部分读者的新阅读习惯。但仍然有不少人愿意阅读有质感有温度的纸本图书。对于图书馆而言，尽可能为读者提供多一种选择，既是其责任所在，也是做好资源保障的使命担当。

第二，突出资源特色，建立电子对抗原生文献数据库。

书商流水化的销售策略和图书配送，使高校图书馆通识类资源越来越相似化，图书馆想要保持住自己的特色资源，就需要不断加强特色资源建设，要整合、挖掘出特色资源信息。针对学校学科特色，通过多渠道搜集整理原生文献资源，建立覆盖全院、内容全面、利用便捷的原生文献数据库是未来图书馆特色资源建设的重点工作。

第三，进一步优化发展读者决策采购（patron driven acquisitions，PDA）模式。

PDA 模式以读者需求为导向，使读者通过平台，可以便捷地获取自己需要的图书。PDA 模式从出现以来就深受读者喜爱。目前图书馆的 PDA 模式都是以互联网为依托，与社会化供应商合作，如当当、京东、亚马逊等这些大型电商平台，这些平台品类齐全，采购模式也符合当下读者的购买习惯。同时可引进实体书店，构建集采、借、阅、藏为一体的服务模式，图书品类提高，图书获得渠道便捷畅通，读者需求便会得到更加及时充分的保障。

第四，多种推介方式并举，引导读者阅读需求。

我馆目前馆藏约 30 万册，对于读者而言，徜徉书海中虽然多了更多的阅读选择，但也会迷失其中，徘徊茫然，如何选到自己想要阅读的图书似乎变得更加困难。高校图书馆作为高校的文献资源保障中心，要始终坚持以读者为中心的服务理念，自觉担当起传播优秀文化的使命责任，以经典推介为导向引导读者阅读需求，开展主题书展、好书推荐、新书推荐、书海遗珠等文化活动，充分激发广大读者的阅读热情，引导读者多读书，读好书，营造书香校园的良好氛围。

第五，提供个性化定制服务补充获取途径。

高校图书馆的个性化服务是在“以人为本”的服务理念下，根据读者的不同需求，利用个性化系统、智能软件平台为其提供更为准确且针对性强的个性化信息，并且服务不受时空的限制，使师生能够随时随地获取馆藏资源。随着计算机技术、网络技术和通信技术的不断发展，人们已经进入了信息时代，各种新兴技术的产生对人们的生产生活产生了极大的冲击，图书馆领域也不例外。顺应信息化的潮流，针对用户的实际需求开展个性化服务，使读者能够从海量的信息中方便快捷高效地找到所需信息，成为图书馆发展的重要突破口。

3 文献信息资源体系建设

3.1 纸质资源特征

纸质资源是以纸质材料作为知识和信息的载体，通过载体的流通从而达到知识和信息的传播[4]。图书馆纸质文献资料主要包括：图书、报纸、期刊等印刷型文献。纸质资源的主要特征为：①实体性。实体性属于纸质资源的基本特性，其可见、可触。②存储性。纸质资源的存放，需要大量的实体空间，同时纸质资源也是营造空间氛围很好的媒介。③集中性。纸质资源都是按照类别，有规则地存放，便于读者使用和查询。④共用性。图书馆绝大部分的纸质资源属于公共资源，读者可以阅览并外借。⑤有限性。纸质文献的多少跟采购经费和存放空间有密切关系。⑥收藏性。由于纸质资源存在老化现象，年代久远的经典纸质资源通常会具有投资和收藏价值[5]。

3.2 纸质资源与数字资源的比较

随着数字、网络数据信息库的发展，图书馆资源的载体形态开始变得多样化。智能化、智慧化图书馆的发展日新月异，各类数字资源馆藏比例和采购经费逐年上升，数字资源越来越重要，但是，图书馆纸质资源建设在高校图书馆资源建设中仍然是非常重要的主体。纸质资源与数字资源的结合及相互补充，已经成为各高校图书馆资源建设常用的模式，两种资源建设相互依赖，缺一不可。数字资源的整合性、便捷性、广泛性和时效性，极大补充了纸质资源的不足。纸质资源建设的方向可向特色化、专业化转变，为图书馆特色自建资源打好基础，提供保障，所以纸质馆藏与数字馆藏的优化配置，可以充分让读者感受到图书馆资源利用的便捷性和智慧性。

3.3 纸质文献资源体系建设要合理

高校图书馆纸质资源建设必须和学校核心专业设置相结合，以师生实际学习和工作需求为导向，突出专业化、特色化，以本院校的专业特点和重点学科建设为导向，如我院图书馆，要以电子对抗等相关专业为采购重点，发展我馆特色馆藏。

建设合理的纸质文献资源还需要做好文献采访工作，发展学科馆员，对重点专业的文献进行精准快速的采购[6]。分析流通借阅率，除了做好阅读引导，也要考虑师生阅读习惯，增强读者荐购力度，补藏各类文献，尽可能提升馆藏的整体质量以满足各学科师生需求。我馆 2018—2022 年流通借阅率统计见表 1 所示。

表 1　2018—2022 年流通借阅率统计

分类号	分类名称	流通数量/本	百分比/%
A	马克思主义、列宁主义、毛泽东思想、邓小平理论	762	1.59
B	哲学、宗教	1769	3.70
C	社会科学总论	605	1.27
D	政治、法律	1410	2.95
E	军事	4878	10.21
F	经济	918	1.92

续表1

分类号	分类名称	流通数量/本	百分比/%
G	文化、科学、教育、体育	737	1.54
H	语言、文字	976	2.04
I	文学	17947	37.56
J	艺术	738	1.54
K	历史、地理	3396	7.10
N	自然科学总论	152	0.32
O	数理科学和化学	2518	5.27
P	天文学、地球科学	168	0.35
Q	生物科学	90	0.18
R	医药、卫生	256	0.53
S	农业科学	10	0.02
T	工业技术	9792	20.49
U	交通运输	28	0.06
V	航空、航天	464	0.97
X	环境科学、安全科学	40	0.08
Z	综合性图书	151	0.32

注：流通借阅率指实际被读者借阅、利用的文献数与馆藏中提供流通的文献数的比率。

数据显示，文学类、工业技术类、军事类在借阅率前三位。各类别图书利用率差异性也较大。利用率最低的是环境类、交通运输类、农业科学类。借阅率可以很好地反映出我院读者的阅读倾向。我院电子对抗、雷达对抗、光电对抗、通信技术等专业均分类在T类(工业技术类)中。对借出次数多的图书应适当增加复本量，及时补藏保证借阅。借阅率低的图书，应限制采购数量及品种，挖掘经典图书，减少复本量。流通借阅率成为图书馆纸质资源采购和开展读者服务工作的重要参考依据。

纸质资源的采购工作琐碎而复杂，不仅要有基础学科作为依托，还需要采购者耐心、细心，只有真正以读者为中心，才能够可持续发展图书馆文献资源建设，才能更好地支持文献资源体系建设。

4　结束语

文献资源建设是图书馆最基础，也是最重要的部分，夯实好文献资源建设是高校图书馆建设的重要支撑和保障。军事院校教育的转型直接影响到图书馆今后馆藏结构的变动和资源采购比例的调整，我们需要不断优化采购比例，探索特色馆藏资源建设，为自建特色数据库做好基础保障。把握好纸质资源和数字资源建设比例，主动引入信息化技术，提高文献资源管理水平，更好地助力高校教学科研，切实做好图书馆智能化、智慧化发展。

参考文献

[1] 杜文龙，柴源，徐光辉. 中美大学图书馆馆藏、经费和服务对比研究及启示[J]. 西安航空学院学报，2016(6)：57-60.

[2] 果青，张莉，宁婉. 军队院校图书馆文献资源体系建设研究[J]. 信息管理，2010(1)：46-53.

[3] 林平. 浅议高校图书馆信息资源系统建设[J]. 新西部，2013(33)：101.

[4] 姚婉燕. 高校读者馆藏资源利用行为决定因素的实证研究[J]. 情报杂志，2011(3)：12-13.

[5] 刘晖. 数字化时代下高校图书馆资源建设探讨[J]. 黑龙江科技信息，2017(2)：23-25.

[6] 范建平. 可持续发展观下的高校图书馆纸质资源建设与利用的思考[J]. 科技资讯，2017(1)：23-25.

第三篇 平台部署

高校智慧图书馆建设探析

何　敏　刘寒冰　洪丹丹　尹妍
国防科技大学信息通信学院，湖北武汉，430000

摘要：随着物联网的出现，大学校园正在向智慧校园的新概念演进，图书馆也不例外。本文就智慧图书馆的内涵、当前高校智慧图书馆建设存在的问题进行分析，并针对存在的问题，提出相应的解决方案，旨在促进高校智慧图书馆的可持续发展，提升高校的教育水平。

关键词：智慧图书馆；内涵；建设

1　引言

随着科技和社会的快速发展，物联网技术、“互联网+”、人工智能等技术发展的突飞猛进，高校智慧图书馆正在从一个“概念”转化为“实践”。图书馆也将“智慧型”作为未来研究和实践的重要课题，如何利用先进的信息技术构建完善的图书馆体系，实现图书馆智慧化形态，推动智慧化服务是当前图书馆建设迫切需要解决的问题。

2　智慧图书馆的内涵

智慧图书馆（smart library）这一概念最早出现于2003年，由芬兰奥卢大学的学者 Mark Aittola 提出，其指出“智慧图书馆是一个不受时空限制，能够被感知的移动图书馆服务，可以帮助用户查找图书馆中的图书和资料”[1]。对于智慧图书馆，我国学者给出了不同的含义。严栋认为，智慧图书馆是图书感知、物联网、云计算和智能化设备的结合体。董晓霞认为，智慧图书馆是感知智慧化和数字图书馆服务智慧化相融合的产物。王世伟认为，智慧图书馆是在信息技术的基础上整合集群、协同管理，注重在新技术的支撑下广泛、便捷和跨越时空地为读者服务。学术界对“智慧图书馆”的内涵理解不尽相同，总的来讲，智慧图书馆是图书馆发展的一种新的模式，是图书馆数字化、网络化过程中的再发展，是利用新一代信息技术来改变用户和图书馆系统信息资源交互发展的新型图书馆。智慧图书馆的产生和发展依赖物联网技术的快速发展，在新时期，智慧图书馆已然发展成为一种必然趋势，在各个高校管理中得到了广泛的应用[2]。

3 当前高校智慧图书馆建设存在的问题

3.1 对智慧图书馆的理念认识不够

目前，国内高校图书馆发展不平衡，一些高校对智慧图书馆重视程度不够，在人员、资金和物资上的投入不足，致使相关建设跟不上步伐。许多一线工作人员对智慧图书馆的理念认知程度不够深入，甚至还停留在传统图书馆或智能型图书馆的层面，对智慧图书馆的一些规划及理论研究较为缺乏，对相应技术所能够支撑的服务及智慧图书馆的发展蓝图、服务内容、领域、质量等的认识不够成熟，在核心理念认知、技术运用及管理模式等层面仍需要汲取先进的经验并探讨未来的发展路径。

3.2 图书馆智慧化建设力度不够

随着信息技术、智能技术等不断发展和广泛应用，图书馆传统的服务模式和观念被打破，其服务模式由传统的服务转变成不受时间和空间约束的个性化服务。目前，图书馆对各种类型信息技术的应用缺乏一定的有效性，如何提供相应的硬软件支撑，加强信息技术的创新应用也是图书馆智慧化建设中应关注的问题。当前一些图书馆仍是数字图书馆甚至传统图书馆阶段，图书借还管理方式仍沿用旧的条形码扫描方式，找书困难，借还手续烦琐，馆藏清点烦琐。一些图书馆运用的信息技术比较落后，忽视了对大数据技术、物联网技术等先进技术的应用，且无法将多种先进技术进行充分结合。另外，没有构建统一的信息资源共享平台，缺乏统一的共建共享机制，信息检索规范和信息存储格式不能实现统一规范，使得资源无法快速共享。

3.3 图书馆馆员智慧服务能力有待提高

图书馆馆员是智慧图书馆的实施人员，也是主体和核心，应具备全面的理论知识和应用现代技术的能力，主动为用户创造智慧化、精准化的服务。目前许多馆员服务意识和工作能力有待提高。英国图书馆专家哈里森说："即使是世界一流的图书馆，如果没有能够充分挖掘馆藏优势效率和训练有素的工作人员，也难以提供广泛有效的读者服务。"智慧图书馆相关领导应建立人才培养体系，开展智慧馆员多渠道、多形式、分层次、分类型的培训和教育，增强高层次人才队伍的建设。智慧图书馆背景下的馆员要积极转变思维，勇于承担被赋予的多种角色的重担，为图书馆在智慧化环境中获得生存与发展做好准备。

4 高校智慧图书馆建设方案思考

4.1 加强智慧图书馆理论层面研究

智慧图书馆理论研究为智慧图书馆的实际建成提供了有效参考，应当积极组织相关的理论研究，对智慧图书馆的含义、物联网等现代科学技术与图书馆建设的联系，以及智慧图书馆建设方案、建设蓝图、建设细节作出深层次的探讨，构建符合高校特色的智慧图书馆理论体系，以理论来指导实践。同时，构建创新型智慧图书馆理念模型，图书馆的管理理念直接影响其管理模式，因此要想真正实现智慧图书馆的创新，图书馆需要从理念层面入手，构建创新型智慧图书馆理念模型[3]，还应从高校图书馆管理实际和服务需求出发，制定一套合理的智慧发展规划，融入图书馆的整体生态，提高服务质量，形成可持续发展的智慧图书馆理论体系。

4.2 加大智慧图书馆硬软件条件建设力度

读者和现代化图书馆交互的过程中，产生了大量的数据，这些数据经由管理平台进行大数据整理和分析，反作用于图书馆，进而促进服务手段的提升，经过良性循环，最终形成一种智慧化硬件和软件相结合的符合读者需求的图书馆。这种低碳化绿色节能、全方位智能运行、立体式智慧服务的形态，正是智慧图书馆所需要的服务模式。在相应的硬软件配套设施上，应以物联网、互联网+、云计算、人工智能、RFID(射频识别)等技术作为支撑，配套建设相应的设施资源、服务支撑、智慧应用等运维保障体系，使智慧图书馆成为一个不断生长的智慧有机体，满足读者多类型需求。

4.3 积极开展智慧图书馆馆员能力素质培训

在智慧图书馆背景下，高校图书馆的建设与发展离不开高素质人员专业能力的持续提升，人才是关键，馆员队伍的素质也是影响智慧图书馆建设的重要因素之一。图书馆可对不同部门的馆员进行分批次、有重点、有针对性的培训，重新定位馆员角色、培养适应智慧化图书馆的管理人员、技术人员等专业人员。智慧图书馆馆员作为未来高级形态图书馆的管理者，应具备智慧图书馆发展需要的各种能力素质、自主学习意识、全面的学科知识和应用现代技术的能力，并积极转变思维，勇于承担被赋予的多种角色重担，主动为用户创造智慧化、精准化服务。同时积极引进高素质专业型、技术型人才，为智慧图书馆的发展建设提供人才保障。

4.4 构建智慧图书馆服务体系

智慧图书馆注重技术与服务的融合，实现对图书馆各组成要素的智慧化管理和用户的个性化、特色化的智慧服务。夏立新提出融合“空间、人、资源”三大核心要素来激活智慧服务及构建智慧图书馆服务模式[4]；智慧图书馆需要以大量优质的信息资源建设和智慧化管理促进资源服务能力的提升；同时开展以智慧为基础的知识性服务，围绕知识实施深入加工和提炼，使知识增值，进行个性化推送服务和学科知识服务，确保与用户多样化知识需求的统一。然后借助数字技术、网络技术、物联网技术等先进的技术手段，为用户提供便捷和高效的服务，如读者自助服务、图书智能盘点、图书智能定位等。智慧图书馆的“智慧”二字从服务角度来讲是继提供文献服务、信息服务、知识服务之后，提供以人为本的智慧服务，实现为读者提供个性化、精准化的高水平服务从而提升读者整体文化素质。

5 小结

信息技术变革给图书馆的发展提出了更高的要求，未来还会出现更多的新技术、新设备和新形势，智慧图书馆的发展也应紧跟时代的发展，全面融合云计算、物联网和智慧的新理念。而目前我国关于智慧图书馆的研究和探索仍处于初期阶段，还不够成熟，因此，我们需要深化智慧图书馆理论研究，学习先进的技术和理念，加强服务创新及实践探索，不断推动智慧图书馆的建设，构建符合读者需求和时代发展的高校智慧图书馆。

参考文献

[1] 王世伟. 未来图书馆的新模式——智慧图书馆[J]. 图书馆建设，2011(12)：1-5.

[2] 黄林英，傅荣校. 智慧图书馆与智慧档案馆对比分析[J]. 档案与建设，2016(11)：26-29.

[3] 李炯. 基于物联网的智慧图书馆服务与管理[J]. 信息与电脑(理论版), 2019(8): 149-150.
[4] 夏立新, 白阳, 张心怡. 融合与重构: 智慧图书馆发展新形态[J]. 中国图书馆学报, 2018(1): 35-49.

数智时代智慧型图书馆建设研究

张　倩　李新乐

国防科技大学信息通信学院，湖北武汉，430000

摘要：数智时代的到来给图书馆带来了新的活力和新的发展契机，在技术飞速发展、信息极度过剩的数智时代，图书馆如何满足读者全面化、个性化、交互化的文献需求，培养读者的核心阅读能力，为读者提供高质量的服务，是图书馆界目前需要深入研究的一个问题。而智慧型图书馆的诞生成了这个问题最为适合的切入点，本文结合数智时代的特征，从六个方面总结出智慧型图书馆体系构建重点，以期对未来图书馆的建设提供启示建议。

关键词：数智时代；智慧型图书馆；图书馆的价值

数智时代，以物联网、云计算、智能数据、区块链、人工智能等为代表的前沿技术正逐步改变着人们的工作方式、学习方式和阅读方式，同样也不断影响着图书馆的服务运行模式和建设管理模式。

随着时代的不断更迭和科技的不断发展，图书馆不能仅仅把自己摆在一个存放、借阅图书的角色上，适者生存这句话对于任何一个行业或个人都是适用的，图书馆的每一个工作人员都应该在时代的改革变迁中，积极地参与图书馆的创新与建设，鼓励读者充分利用图书馆的各类资源，激发读者对知识和研究的渴望，深度挖掘图书馆可以开发利用一切相关业务领域的服务和技术，促使图书馆的作用发挥到极致，以不可替代性和专业性在学校信息服务体系中占据制高点。

1 智慧图书馆的愿景与生存之道

图书馆的使命是希望通过丰富的信息文献资源和高水平的服务，以支持读者的学习、科研和教学需求，为读者提供最具活力的学习环境和学术氛围。图书馆希望珍贵和独一无二的馆藏能够尽可能地被更多的人获取和利用，能够支持学校实现成为一流大学的目标，图书馆人能够从知识的保管人变成知识的领路人。

图书馆的愿景则是希望为读者提供最前沿的，最有影响力的文献信息，引领读者进行相关领域的创新和研究，从而推进其在本专业领域发挥关键价值。图书馆通过创造完善的信息资源获取平台，简化读者获取文献资源的方式，致力于追求高品质的电子资源服务；通过收集、保存、推广读者的研究成果，提高读者在科研领域的影响力和知名度；通过特色馆藏资源的开发和挖掘，体现出馆藏资源的专、精、尖特点。

阅读的本质是不会随着时代的不断更迭而改变的，阅读是人们对知识、对社会、对世界的一种学习认知的过程，是让人从一个生物个体变成精神个体的蜕变的路径[1]，人们只会随着科学技术的不断发展，强化自身的阅读能力，提升自身的知识储备。作为图书馆人的我们应该不断更新并完善服务方式和技术手段，以适应当今科技发展的大背景，引领读者通过高效阅读获取更多的知识。

未来的阅读是一种智慧型阅读模式，是对纸质阅读和数字阅读的一种整合和筛选，图书馆需要逐步构建最适用于数智时代的阅读方式，智慧型图书馆建设则是提供智慧型阅读的基础，也是未来图书馆的生存之道。

2 智慧型图书馆的建设

2021 年 6 月 10 日，文化和旅游部印发《“十四五”公共文化服务体系建设规划》，明确提出，力争在“十四五”末，智慧图书馆体系建设取得明显进展，并提出全国智慧型图书馆体系建设项目[2]。

智慧型图书馆是依托物联网、云计算、人工智能等先进技术，为读者提供由点到面智慧型服务的图书馆建设模式，它不受时间和空间的限制，它是继数字图书馆后更为高级的图书馆存在形式。

数智时代读者对图书馆的信息服务需求更为复杂、多样、专业，而图书馆需要对数智时代特色馆藏体系、课程教学资料服务体系、学科咨询服务体系、创新型人才服务体系、个性化信息推送服务体系等方面有深度的理解，做好短期和长期规划，厘清发展思路，以专业的技术手段，构建智慧型图书馆体系。

2.1 构建特色馆藏体系

图书馆馆藏建设，包括纸质资源、数字资源和原生资源建设，是图书馆最为基础的建设项目，文献资源的特色化，是本图书馆区分于其他图书馆建设的个性化指标，体现了本图书馆建设风格、人文底蕴和专业价值。图书馆的建设要紧紧围绕着以读者为中心，明确文献资源的建设原则，立足学校的教学科研发展，突出文献资源的专业性和前瞻性，做到别无我有，别有我优，积极开辟建设渠道，把图书馆的经费用在刀刃上。文献资源的获取从深度和广度上都应进行充分挖掘，采集新资源的同时也对时代相对久远但极具收藏和学习价值的文献资料进行收集。纸质资源的电子化也可同步进行，逐步形成一套自建的具有特色化、差异化、专业化特点的特色馆藏体系。

2.2 构建课程教学资料服务体系

图书馆可以依据课程负责人列出的专业课程书目清单，购买清单上的纸质文献资料，存放在图书馆专门的馆藏区域，方便读者借阅，书目清单如有变化，及时购买入库，同时将纸质文献资料电子化，更新到专业数据库中，提供电子文献的查询服务，方便读者下载，确保课程所需要的资料，都能够在图书馆内获取。如有条件，可以建立一个专业课程资料查询平台，读者登录个人账户后，输入专业课程就会列出所有的相关资料，输入教师名字就可以列出本教师推荐的专业书目清单，点击具体资料信息可以查询到相对应的馆藏地点和电子版的下载链接。

2.3 构建学科咨询服务体系

学科咨询服务，是图书馆的核心竞争服务，能够直接体现出图书馆的服务水平层次高低，所以应该打破时间和空间约束，走出图书馆，深入教学科研一线，参与教学科研的全过程，包括科研筹备阶段、科研进行阶段、成果产出阶段和研究结束以后社会影响评价阶段等，为读者提供全程的学科研究服务、基金项目申请咨询服务、情报分析服务、数字化服务等，实现学科咨询服务的专业性、精准性，满足读者多元化、多领域的服务需求。

图书馆可以根据本学校各个专业学科设置相对应的专业学科咨询馆员，每个学科咨询馆员划分出自己擅长的专业领域，并对本专业学科较为前沿文献信息资源架构和内容有自己深度的理解，同时建设专业学科数据库，搜集每个专业学科相对具有影响力的文献数据资料、新闻网站、学术论文等，及时更新，并可以联系相关专业领域的专家学者，列出推荐文献目录，方便各个专业的学生有针对性地学习，多渠道、多维度、个性化地构建智慧学科服务体系[3]。

2.4 构建创新型人才服务体系

图书馆馆员是智慧图书馆的主体，图书馆应建立统一的继续教育和资质认证体系，重点培养馆员的能力素养、服务水平和服务品质。馆员应积极钻研业务，不断开拓创新，全面提升自身专业技能水平，主动服务于学校的教学和科研，为读者提供多样化、数字化文献资源，满足读者远程和在线学习的需求，始终不断加强服务理念创新、服务方式创新、服务宣传创新，同时结合实际工作情况，善于发现新问题，不断总结新经验，积极探索新情况，创新工作理念，创新工作机制，突出图书馆的智慧化、时代性特色，拓展图书馆的智慧服务领域，筑牢图书馆的信息中心地位，全面提升图书馆的服务水平。坚持以人为本，倾心尽力为读者服务，坚持以“改善服务方式，提高服务水平，拓展服务渠道，深化服务内容”为工作准则，不断提升服务质量，为智慧型图书馆的建设发展提供可持续推进的人才队伍力量。

2.5 构建个性化信息推送服务体系

传统的信息推送服务方式已经不能够满足数智时代读者的需求，数智时代读者的阅读趋势和图书馆的服务方式正逐渐发生改变。

第一，读者的阅读趋势。

首先，从中国新闻出版研究院发布的2019—2022年国民阅读率调查结果(图1)中可以明显地看出，我国国民的综合阅读率包括各类纸质文献和数字文献在内的阅读人数在逐年增加，这意味着参与阅读的读者越来越多，人们也在用着各自习惯的方式去参与阅读。但从阅读方式上看，数字化阅读方式正在逐步冲击着传统的纸质文献的阅读方式，纸质文献阅读方式正在不断地被弱化，并且报纸阅读率和期刊阅读率正在明显地减少，这意味着可能在未来的数年内阅读报纸和期刊的读者或将不足总阅读人数的十分之一，期刊和报纸相关行业的前景也将颇为堪忧。

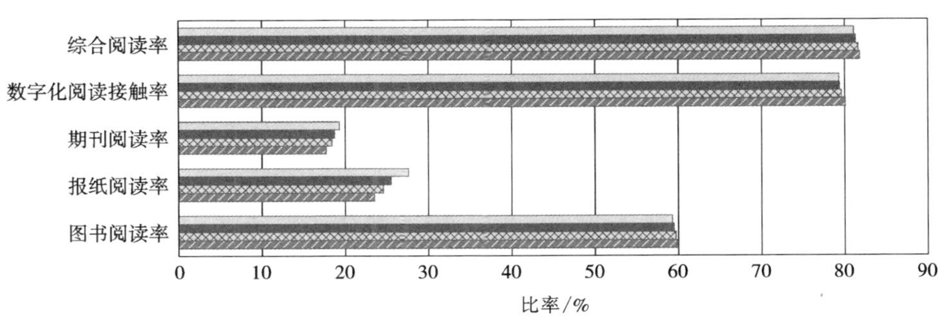

	图书阅读率/%	报纸阅读率/%	期刊阅读率/%	数字化阅读接触率/%	综合阅读率/%
2019年	59.30	27.60	19.30	79.30	81.10
2020年	59.50	25.50	18.70	79.40	81.30
2021年	59.70	24.60	18.40	79.60	81.60
2022年	59.80	23.50	17.70	80.10	81.80

图1 2019—2022年国民阅读率

其次，随着数智时代的迅猛发展，数字化阅读方式也多种多样，包括手机阅读、网络在线阅读、电子阅读器阅读和平板电脑阅读等，从中国新闻出版研究院发布的 2019—2022 年数字化阅读接触率调查结果中（图 2），可以看出读者更倾向于手机阅读和网络在线阅读的方式，且手机阅读和网络在线阅读占据了数字化阅读的主导性的地位。

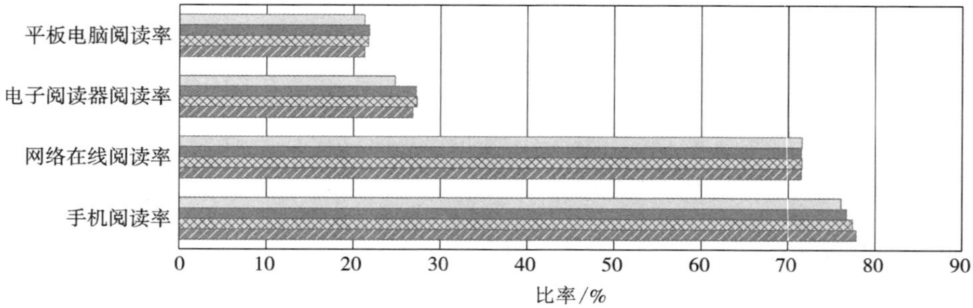

	手机阅读率/%	网络在线阅读率/%	电子阅读器阅读率/%	平板电脑阅读率/%
2019年	76.10	71.60	24.80	21.30
2020年	76.70	71.50	27.20	21.80
2021年	77.40	71.60	27.30	21.70
2022年	77.80	71.50	26.80	21.30

图 2　2019—2022 年数字化阅读接触率

第二，图书馆的服务方式转变。

从读者层面讲，由从前的满足大多数读者的大众化文献需求，向有针对性地满足每个读者个性化、深层次的文献需求转变；由纸质文献的简单的收集整理，转变成对数字资源的整合、挖掘、推送；由即时服务到长期跟踪服务转变。

从图书馆层面讲，由从前的各类纸质文献实体存储空间、采购经费和数量种类有限，读者借阅手续繁杂，读者利用率较低，到现在数智时代，文献信息过剩，获取方式灵活，图书馆的数字化存储空间较大，数字化存储数量种类多，数字化借阅手续简易，读者数字化文献利用率高。阅读也由从前的为了获取知识而选择性阅读，变成阅读成为读者生活中一种常见的社会化的休闲娱乐方式。

第三，个性化信息推送服务技术。

数智时代，读者追求的是高效、便捷的信息获取方式，他们可以不再依托图书馆，而是通过网络，多渠道、多方式来获取自己所需的信息资源。所以想要固牢图书馆的核心竞争力，必须积极推动图书馆个性化的信息推送服务体系的建设。图书馆应通过自身专业的知识素养、专业的人才队伍及专业的设施设备来创建个性化信息推送服务体系。

个性化信息推送技术是顺应数智时代发展应运而生的一种信息发布技术。网络、手机和数字化阅读方式的普及也为图书馆开展个性化信息推送服务提供了客观条件，个性化信息推送服务是提高图书馆服务品质的重要渠道，它利用推送技术自动匹配读者的需求方向定制出用户个性化信息推送服务体系，将相关的文献信息通过一定的方式及时、主动、有针对性地传送给用户。个性化信息推送技术深刻改变了图书馆的信息服务方式，并对文献信息挖掘、加工、传递产生了重大的影响[4]。信息推送平台通过读者个人账号，收集、统计并分析读者信息需求，根据建立的信息库匹配用户需求信息，及时推送到用户终端上，个性化信息推送技术的工作流程如图 3 所示。

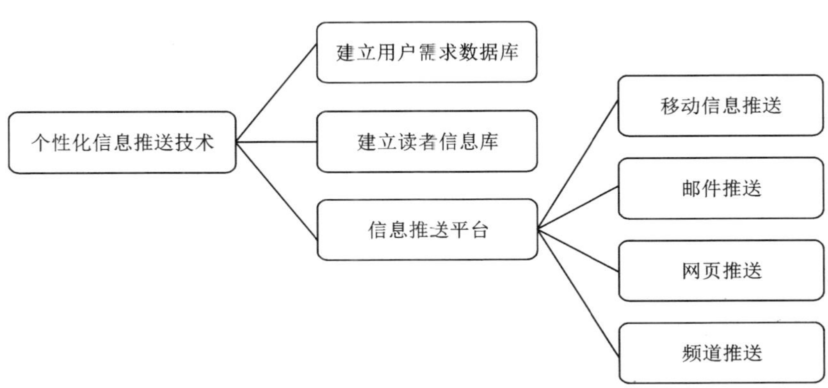

图 3　个性化信息推送技术的工作流程

2.6 构建移动图书馆服务体系

通过搭建电脑端和手机端都可以安装使用的移动图书馆平台，可以对所有类型的信息资源进行高级检索，支持馆藏书目资源、电子数据库资源、视频讲座等各类资源的下载；读者可以查询自己的借阅信息、检索历史、个人收藏、浏览记录、进行阅读空间预约等，也可以根据手机定位，查询到附近阅览室的馆藏类别，进行楼层指引，路线规划，引导读者找到指定的图书架位或图书馆工作人员所在位置；图书馆可以依托移动图书馆体系，发布图书馆动态信息、新书目录、进行信息定制和推送服务等。

3 结语

智慧图书馆建设是当下图书馆界亟待研究的重要课题，也是未来图书馆发展的必然趋势，本文主要是通过对构建特色馆藏体系、课程教学资料服务体系、学科咨询服务体系、创新型人才服务体系、个性化信息推送服务体系、移动图书馆服务体系六个方面，进行分析梳理并提出建议对策。然而数智时代图书馆的建设是一个极其复杂的系统化的工程，是一种多维融合、协同交互的知识服务和智慧服务体系，是一个需要从研讨层面向实质性建设推进的过程，这是一个长期的任务，无法一蹴而就。未来道阻且长，行者将至，我们图书馆人需要勇于探索、敢于创新，不断发现问题，解决问题，明确我们应该改变什么，坚守什么，努力通过敏锐的洞察力、前瞻性思考和高标准要求，建立一个强大的、复合的、专业的智慧型图书馆体系，逐步提升图书馆的社会价值。

参考文献

[1] 徐升国. 全民阅读走向高质量发展路径探究[J]. 科技与出版，2020(7)：6-13.

[2] 胡娟，柯平. 我国智慧图书馆的发展现状与发展趋势研究[J]. 图书馆建设，2022

(2)：80-89，101.

[3] 曹瑞琴.高校图书馆学科服务与智慧化建设[M].长春：吉林出版社集团股份有限公司，2020.

[4] 杨启秀.高校图书馆管理与服务创新研究[M].北京：国家行政学院出版社，2018.

第四篇

信息服务

“案例-任务驱动”教学模式下的大学生信息素养教育初探

施燕斌　贺玲玲　胡胜男

国防科技大学图书馆，湖南长沙，410073

摘要：本文对大学生信息素养教育进行了教学分析，确认了案例-任务驱动的教学模式在信息素养教育中的优势，并对“案例-任务驱动”教学模式下大学生信息素养教育的具体实施进行了阐述。

关键词：信息素养教育；案例教学；案例-任务驱动教学模式；高等教育

1　引言

信息化时代，网络信息铺天盖地，各种文档、课程、问答、视频、音频等构成了人们非正式学习的信息来源，学习不再局限于课堂，这对大学生的信息思辨能力提出了更高要求。

2015 年 2 月，美国大学与研究图书馆协会（ACRL）通过的《高等教育信息素养框架》，明确高校图书馆信息素养教育的实践方向是强化用户知识挖掘基础能力，并培养用户全链条信息学习技能[1]。2015 年 12 月，教育部颁布了《普通高等学校图书馆规程》，提出“图书馆应重视开展信息素质教育，采用现代教

本文系国防科技大学本科和任职教育教学研究课题立项项目“融合创新型教材教参平台建设与服务研究”（项目编号 U2020040）和湖南省普通高校教学改革立项项目“面向人才培养的‘双一流’军队院校学术数据服务体系研究”（项目编号 HNJG-2020-0031）研究成果之一。

育技术，加强信息素质课程体系建设，完善和创新新生培训、专题讲座的形式和内容”[2]。高校图书馆信息素养教育的主要目的是培养在校学生的信息素养能力，包括信息获取能力、信息评价能力、信息利用与创新能力及信息社会责任感。但在实际教学实施过程和教学成效方面存在各种各样的问题。

高校图书馆组织的信息素养教育以“信息检索”课程为核心，包括入馆教育、课程教学、培训讲座等一系列的教育培训活动。传统的课堂教学“以教为中心”，课堂上以教师为焦点，教师讲，学生听，缺乏实际案例，可操作性不强，学生的主观能动性得不到发挥，教学效果明显不足。

案例教学是一种教学方式的探索，通过对信息检索案例的选择、设计、撰写与实施，使大学生处于一个真实复杂的情境中，从而探索课程教学内容，将教学内容中的各个知识点相互关联，从而吸引大学生一步一步地去解构知识点之间的相互关系，从而熟练掌握教学内容。案例教学是“以学为中心”，以提升大学生学习能力为目标，学生学习变被动为主动，教学效果可以得到明显提升。

2 信息素养教育实施案例-任务驱动教学模式的必要性

2.1 案例-任务驱动教学模式

案例-任务驱动教学模式是指在学生掌握了相关专业基础知识的前提下，根据课程教学目标的需要，老师布置不同的任务，学生通过分析、讨论与实践逐步完成，从而培养学生分析问题和解决问题的综合能力。

2.2 信息素养教育的教学分析

信息社会，一个人甄别信息、获取信息的能力对他的成长与未来有着极大的影响，信息素养是一个人终身学习的基本素养，是促进科技创新的基本能力[3]。信息素养教育是一门理论与实践紧密结合的学科，主要培养大学生在日常学习、生活中实际获取信息的能力。因此除了理论学习，更需要通过检索具体的案例向大学生展示信息检索的过程，并以具体任务为驱动，让大学生在真实复杂的案例环境中学习如何筛选、甄别无效信息，最终获取有效信息，提升大学生获取信息的能力，形成良好的信息素养，从而增强大学生学习和科研创新的能力。

2.3 案例–任务驱动教学模式在信息素养教育中的优势

传统的教学模式，围绕教师，“以教为中心”，课堂焦点在教师，由教师在课堂上讲授教学内容，大学生被动接受学习，不利于激发大学生的学习兴趣。而案例教学方法，则“以学为中心”，在真实复杂的具体情境中，大学生们可以展开激烈讨论，容纳不同的想法，彼此修正相互的不足[5]；同时，对有检索经验的大学生而言，真实情景可以唤醒他们的检索记忆，触类旁通，明悟当时可以采用更好的检索策略，引发进一步的深入思考，促使大学生熟练掌握知识点，达到教学目的[4]。通过不同阶段、不同类型的案例教学，调动学生的主观能动性，激发学生的学习兴趣，大幅提升了教学效果。

3 信息素养教育案例教学的实施

3.1 教学目标的确立

任何教学都有特定的教学目标，信息素养教育的教学目标就是提升大学生的信息能力，能够快速、有效地获取所需信息。为了实现这个目标，首先，要培养大学生的信息敏感度，加强信息意识，增强大学生捕捉、判断、甄别信息的能力。其次，要培养大学生综合利用信息的能力，开阔眼界，通过分析判断，从大量貌似无关的信息中提炼有用信息。最后，培养大学生的专业信息素养，让大学生掌握专业信息源，善于筛选和利用专业信息，解决学习和科研中的问题。

针对不同的教学对象，应该确立不同的教学目标，设计相应的案例进行教学引导。本科生头脑敏捷，接受知识快，对信息检索的需求主要集中在学习和生活信息上；而研究生对学术科研信息检索的需求比较大。本科生可以从生活中需要的信息检索开始，按照不同的年级设计从信息检索新手入门、社团招新信息检索、学科竞赛信息检索等不同的案例场景，进行相应的教学培训和启发式教育；而研究生可以结合其研究方向，从论文选题、文献调研到论文写作，将信息检索与专业学习结合，辅助大学生们进行科研创新，在此过程中促进学生检索知识的输入和检索技能的提升。

3.2 课堂案例的选择、撰写、设计与实施

为了调动大学生参与的积极性，案例的选择与撰写一般要切合大学生的兴趣点，大学生觉得案例新奇有趣，就会产生探索、讨论和学习的欲望。案例的选择与撰写要符合大学生的生活经验，尤其是他们的信息知识基础，在此基础上选择简单易懂、具有启发性和代表性的案例，训练大学生实际获取信息的能力。在案例的设计与实施中，针对信息素养教育的特点，可以通过案例引出实际问题，不给出答案，让大学生利用学过的知识点进行讨论，作出解答；教师再通过通俗易懂的方式进行课堂讲解，给出答案；大学生再进行答案对照和讨论，强化知识点的学习。

比如新生入馆教育，以往多为图书馆服务项目的介绍和馆藏资源的检索使用，单纯的课堂教学转眼即忘。在讲解索书号的部分，如果录制相应的图书馆资源检索视频，在图书馆的场景下，对应具体的实体图书，讲解索书号的排序，容易加深大学生对索书号的理解。而在研究生教学中的期刊投稿部分，通过讲解投稿到不正规期刊或非本学术领域期刊所产生的一系列影响，从而引出投稿过程中如何正确选择合适期刊。这样，研究生们感同身受，容易引起共鸣，从而加深对知识的理解。

3.3 自主学习的案例选择与制定

案例的选择与设计，除了课堂案例，还有大学生自主学习的案例[6]。确定教学目标后，教师根据教学目标中需要大学生掌握的信息素养能力进行案例选择和撰写，设计问题，让大学生针对问题进行案例学习，熟练掌握相关

知识点，明确知识点之间的关联，理解和精读案例，结合知识点提出解决方案和答案。大学生可进行分组讨论，分组讨论中每个人都需要阐述自己的观点，最后形成统一的解决方案。通过讨论，既分享了个人的学习心得，也能从他人的思路中获得启发，互相促进，共同进步。小组讨论的成果还可以在全班进行交流、展示，进一步开展全班讨论，对知识点形成深刻的理解与记忆。

比如信息检索策略的制定，每个人对同一个检索目标都有自己的理解，检索语言的选择、检索算符的使用等各有不司，哪一种检索效果更好，可以通过具体的案例展示和讨论，提升教学效果。在实际教学过程讲解检索结果的调整时，可以划分不同的检索小组，使用同一个检索方式，分别检索不同的数据库，如中国知网、万方、维普等，通过对比检索结果的不同，引导大家发现不同数据库的收录范围和文献类型的差异，从而使大学生学会在不同的需求场景下，选择更加合适的数据库。

3.4　案例的总结与点评

总结与点评是案例教学的一个重要步骤。案例教学的目的是提升教学效果，更好地达到教学目标，因此教师通过总结与点评将大学生在真实复杂的情境中学习到的知识点进行讲解、串联，加强大学生对信息素养理论的理解与学习，大学生将案例学习中的讨论进行梳理，撰写案例报告，也是对所学知识点进行进一步理解和复习的过程。总结与点评要针对大学生的个体不同，强化学习目标，鼓励个性差异，使大学生快速高效地掌握信息素养能力。

以往我们实施案例教学时，设计了研究生上台演示学科主题文献的信息检索过程，演示结束后，由教师对检索过程进行分析和点评，从而加深大学生对于相关知识的理解和应用。在演示过程中，能够发现一些大学生的奇思妙想，启发教师进一步修订教学内容，改进教学方法。

4 结语

案例-任务的教学模式能够将理论与实践紧密结合在一起，将理论渗透到具体案例当中，将抽象的、复杂的理论通过具体案例明确地、直观地展示出来，很多不同的学科都在探索案例教学的方式[7]。信息素养教育与科研和学习的需求紧密相连，实施案例教学能够进一步培养大学生的实际操作能力，引发大学生的学习兴趣，更容易达到教学目标。在信息素养教育过程中开展案例教学还能充分调动大学生学习的主动性与参与性，培养大学生的信息分析归纳利用能力和多维思考能力，提高大学生发现问题、分析问题、解决问题的综合技能。

参考文献

[1] 高等教育信息素养框架[EB/OL].[2023-08-10]. https://max. book 118. com/html/2018/0225/154629623. shtm.

[2] 教育部关于印发《普通高等学校图书馆规程》的通知[EB/OL].[2023-08-10]. http:// www. moe. gov. cn/srcsite/A08/moe_736/s3886/201601/t20160120_228487. html.

[3] 韩冬，傅兵. 信息素养教育论[M]. 北京：北京理工大学出版社，2017.

[4] 陆玲，何月顺，李祥，等. 基于案例的数字图像处理教学方法改革[J]. 教育教学论坛，2020(6)：113-114.

[5] 杨楠，李童. 案例教学视域下软件工程“一体两翼”教学模式的构建与实践[J]. 高等工程教育研究，2020(1)：177-181.

[6] 杨斌，姜朋，钱小军. 案例教学在职业伦理课程中的应用[J]. 学位与研究生教育，2019(12)：36-41.

[7] 罗纯，吴先勇. 案例教学的学习理论解析[J]. 教学与管理，2018(9)：12-15.

图书馆情报服务现状分析与发展路径研究

翟欢庆　刘寒冰

国防科技大学信息通信学院图书馆，湖北武汉，430035

摘要：在“双一流”高校建设规划背景下，图书馆情报服务水平的高低已然成为院校发展的重要支撑点，通过对当下图书馆情报服务工作开展现状、存在问题及优秀服务案例展开研究，以期提升图书馆情报服务水平，深化图书馆服务职能。

关键词：情报服务；学院图书馆；数据库

1　引言

《普通高等学校图书馆规程》强调，高校图书馆需要把自身的信息资源专业服务优势充分发挥出来，建立更加健全和完善的文献信息服务体系。高校图书馆有责任为教师和学生提供高质量的信息服务，并在后期的发展中逐渐拓展服务内容，为学员、教学科研人员和决策部门打造出一体化的服务体系，提供更加丰富和精准的服务内容。国防科技大学图书馆在图书馆及信息资源建设“十四五”论证报告中指出：全面提升文献信息资源和服务保障能力，全面推进各项建设，是有效保障教学科研与人才培养、创建一流学科、培养一流人才，创建世界一流高等教育院校的重要保障。国防科技大学信息通信学院（以下简称学院）在经历合并组建后，基于培养对象，办学定位的调整扩充，对于图书馆情报服务有了更为宽泛的要求，本文通过阐述学院图书馆情报服务工作开展现状、面临问题等，指出提升本馆情报服务水平的部分举措。

2 学院图书馆情报服务工作开展现状

2.1 馆办情报资料持续更新推送

学院图书馆自 2016 年始创建馆办刊物《热点推送》《外文文献推送》，搜集新理论、新观点，了解中外前沿动态、技术、创新思路等，并对其进行收集、分析、研究、编辑整理成册，为学院教学科研等提供参考与助力。目前，总计编辑《热点推送》324 期、《外文文献推送》134 期，合计下发 24000 余份，并持续更新。

2.2 论文收录引证服务业务的拓展

学院图书馆自 2021 年始依托国防科技大学图书馆为学院教职员工提供论文收录引证服务，旨在为硕士博士研究生毕业、职称评定、项目/基金申请与结题、人才遴选、奖励申报等工作的开展提供材料支撑。具体是指通过检索国内外权威数据库，查找文献被 SCIE、EI、CPCI-S、ESI、CSCD 及 CSSCI 数据库收录、引用等情况，并根据检索结果出具检索报告，通过大学图书馆审核，为读者出具检索报告纸质版或扫描件，为读者提供了便利。

2.3 自建数据库资源聚合平台建设

学院图书馆 2021 年建成“数据库资源聚合平台”。建设资源主要来源于馆际交流、院外信息收集、院内原生数据的采集和标引等。该平台是对研究生学位论文数据库、信息通信数据库、电磁频谱管理数据库等 22 个数据库的资源实现统一聚合检索，有效提高检索效率和各数据库的利用率，实现了个性化信息推送，用户自主建库等全新服务功能，为院校学科专业建设提供支撑，学院图书馆后续将持续扩展和加深资源范围。

2.4 辅助教学科研开展代查代检服务

学院图书馆情报资源组辅助教学科研针对各学科领域提供代查代检服务。针对研究课题的目的及需求，以描述课题的关键词作为检索入口，依托学院图书馆购买的数据库及印刷型馆藏资源、国防科技大学图书馆远程访问电子资源及各种公共资源等对读者所委托的课题进行全面检索、筛选等，从开题立项、研究中期到成果验收，以书目、索引、文摘、全文、汇编等形式提供给读者。

2.5 馆藏资源阅读推广服务

学院图书馆结合新书到馆、“4·23 世界读书日”系列活动以及订购的各类型数据库等，适时开展馆藏纸质及电子资源阅读推广服务。通过图书馆线上主页、学院微信公众号、读者活动群、图书馆馆舍宣传标识等途径持续推送阅读信息，深入推进阅读推广服务，认真践行习近平主席在致首届全民阅读大会的贺信中说的“阅读是人类获取知识、启智增慧、培养道德的重要途径，可以让人得到思想启发，树立崇高理想，涵养浩然之气”。

2.6 信息素养教育

学院图书馆按计划持续性开展信息素养教育。为更好利用图书馆信息资源，积极发挥图书馆教育职能，由图书馆各馆员承担新学员信息素养教育任务，重点介绍图书馆馆藏资源分布情况、电子资源保障现状及常用数据库的检索使用方法等。并对新生进行入馆教育，通过面对面的沟通，了解学员对图书馆的认识和需求，有针对性地介绍信息的查询和获取方法，同时，读者通过学习并参与在线直播讲座、线下精选书目共读等活动，持续提升自身信息素养能力。

3 学院图书馆情报服务面临的问题分析

3.1 情报服务所需的馆藏资源基础有待加强

学院调整组建后，教学力量合并编组，培训任务整合归结，配合学院图书馆发展“十四五”规划中关于资源建设长远计划，以及教学评价中对于资源保障相关要求，图书馆还需增加资源合理化构建力度，补充专业相关资源为学科建设提供支撑，最大范围满足教学科研及培养任务所需。另外，加强特色学科专业网站资源建设、丰富原生教材专著资源库、完善自建数据库各子库建设；集齐汇聚视频、多媒体等非结构化教学资源。在资源构建的同时，图书馆还可根据馆舍布局开辟特色鲜明的专业书刊阅览室、专家学术成果陈列室等，从纸质、电子，自建、外购，线上、线下等多维度打造完善的资源保障体系。

3.2 情报服务体系建设有待进一步深入

学院图书馆现有的情报服务职能包括馆内自办刊物推介，论文查收查引，课题代查代检，研究生论文数据库建设、访问等，尚且没有完全深入教学科研一线、紧贴学员培训目标展开。相比之下部分“双一流”高校图书馆已经能够紧跟学科发展需求，开展丰富的情报服务内容，如教材教参平台建设、科技查新、单位学术影响力分析、智库建设等，这些服务能较好地保障教学科研。学院图书馆在调整组建后，应着眼对标“双一流”高校发展要求，以多层次的培养任务为基础，以学院教学科研为指引，提高服务质量与深度，拓展课题查新、定题等服务内容，深入挖掘面向学科专业的特色情报服务职能，例如针对课题代查代检的深入服务，科技查新服务的引入，知识产权相关知识的普及等，这些都是势在必行的举措。

3.3 情报服务团队建设有待优化健全

学院图书馆技术类人员编制有限，目前，情报服务工作按照部门岗位职责设置2人，主要负责研究生论文数据库资料室管理，两种馆办刊物内容的收集、编辑、打印与推送，课题代查代检等服务，勉强维持现有职能。在学院服务对象和教学内容增加的情况下，现有的工作人员远不能满足情报服务需求，不利于全面、深入地提供深层次的服务，一方面，新的情报服务团队建设考虑在引进具有情报学专业学术背景的图书馆员的基础上，联合学院相关专业教学科研人员力量，既可以缓解人员不足，又可以深度融合教学科研，打通图书馆情报服务的“最后一米”。另一方面，随着情报服务内容的持续深入，馆员在探索深层次服务的基础上，还需不断加强自身学科知识体系建设，增强关于图书馆学、情报学、数据挖掘、知识产权等相关学科领域知识构建，学习各大高校及公共图书馆优秀的情报服务案例，从服务对象出发，通过提升自己，学院图书馆将能够建成具有全面知识架构的情报服务团队。

3.4 馆藏资源聚合检索平台有待完善

图书馆馆藏纸电资源统一跨库检索既实现了数据的规范统一，又方便了读者实施检索查询，目前，许多图书馆已实现该功能，如国防科技大学图书馆的科图检索，武汉大学图书馆的全面检索等。学院图书馆现有的“自建数据库资源聚合平台”是对信息通信资源原生数据库、图书馆电子化加工图书数据库、电磁频谱管理数据库等22个数据库的资源进行统一管理，实现了该部分数据库的聚合检索，但没有涵盖图书馆所有纸电资源，为方便读者一站式查询检索，提高数据库信息统计收集功能，新的聚合平台将瞄准解决跨平台数据资源的高度融合与统一检索问题，为大数据挖掘分析学院数字文献资源结构合理性提供支撑。

4 学院图书馆情报服务发展研究

高校图书馆情报服务内涵包括数据型情报服务、文献计量型情报服务、内容深化型情报服务及综合拓展型情报服务[1]。数据型情报服务包括对门禁系统、图书馆管理系统、数字资源访问等数据源统计、分析；文献计量型情报服务是通过各数据库为科研学术、竞争力及学科趋势分析提供报告；内容深化型情报服务是指通过各数据库针对学科研究热点、前沿提供产品报告；综合拓展型情报服务是指通过各种纸电途径，进行综合性的情报服务。以下从四个方面浅谈学院图书馆情报服务发展路径。

4.1 建立图书馆情报服务工作管理规范

图书馆情报服务工作的开展需要有制度化的工作管理规范。情报服务工作面向不同类型读者对外展开，且服务内容涉及教学科研的方方面面，服务质量的高低直接影响着图书馆的读者服务保障能力的强弱和外在形象的好坏，因此，情报服务工作办理流程和对接服务的工作人员，需要有完善的情报服务工作能力和制度规范，既能很好地向读者揭示事务办理流程，履行情报服务工作职能，又有利于提高工作效率、便于服务的宣传推广，确保该项工作开展的延续性。

4.2 提升图书馆信息化管理建设水平

图书馆信息化管理平台可以有效将图书馆纸电资源与现代化信息手段相结合，更大范围挖掘数据可用性，便于读者检索、使用，提升馆内资源利用率。图书馆信息化管理建设主要包括三个方面：硬件设施建设、软件平台建设及数据库建设[2]。结合馆舍布局，学院图书馆硬件设施建设包括信息化建设设备，如检索机、借阅证自助办理机、门禁等，用于实现信息化管理的一切设备。软件平台包括图书馆管理系统、适用于用户检索的统一跨库检索平台、门禁系统、RFID 射频识别管理等，在维护图书馆基础管理的基础上，实现数据的规范存储、提取、分析，为图书馆资源利用与工作的开展提供依据。数据库建设作为图书馆服务的基础资源建设，在信息化的管理中起到核心作用，规范的数据标引、录入，为资源的有效利用打好基础。

4.3 拓展情报服务内涵建设深度

情报服务内涵建设主要包括完善学科资源保障平台建设与情报服务内容的横向与纵向深入。根据学院“双一流”建设发展需要，图书馆要主动深入学科发展、助力教学科研。如学科资源保障平台的进一步建设与完善，需要在契合学科建立数据库平台的基础上，选取适合学科发展现状与态势的内容不断加以更新完善。以专利情报服务为例，目前，学院科研部门购买部分专利资源，专利作为特殊的数据源，承载有技术、经济和法律的信息[3]，贯穿于专利产品立项、开发及完成等各阶段，需要图书馆工作人员提供专业的服务。此外，图书馆还需要在提升传统情报服务水平的基础上，开展智慧化视角下的基于大数据的情报服务研究。例如，根据开源情报资料提供订单式信息推送服务等。

4.4 加大图书馆情报服务工作推广力度

加大图书馆情报服务工作推广可以通过三步走的方式：一是制作学科服务案例库，并对其进行宣传展示；二是将购买或自制的学科情报服务工具或产品进行深入研究，联系对口学科教研单位对应推广，并配合使用说明页或微信小视频，便于读者自主使用；三是借助平台对学科情报服务进行推广[4]。在实际推广过程中也可以视情况结合推进，比如浙江大学图书馆的情报服务信息传播渠道呈现多样化特点[5]：网站宣传和邮箱推送作为传统宣传渠道，网站宣传侧重于对情报服务工作进行模块介绍和对应案例展示，邮件推送则根据内容需求进行适应性推送；校内单位合作引荐为图书馆决策情报服务的推广提供了极大便利；服务对象对使用情报产品的评价展示也成为情报服务工作传播的有效补充途径。

5　结束语

图书馆以读者为中心开展各项建设与服务工作，而情报服务既是对基础服务工作的提升，又为院校教学科研、学科专业快速发展起到有力支撑作用。学院图书馆立足当前现状，通过梳理现有情报服务工作开展情况及存在不足，调研并学习优秀情报服务案例，逐步建立健全图书馆情报服务工作规范及信息化管理建设水平，拓展情报服务内涵建设并借助情报服务工作推广进一步提升图书馆读者服务影响力。

参考文献

[1] 陈婷婷."双一流"建设背景下高校图书馆情报服务研究[J].教育观察，2021，10(4)：85-87.

[2] 何晓刚.信息化背景下图书情报机构服务模式提升研究[J].吉林教育学院学报，2022，38(4)：78-81.

[3] 张畅斌，沈林林.高校图书馆面向产品开发全过程的专利情报服务[J].天津科技，2022，49(2)：5-8.

[4] 徐春，张静，卞祖薇."双一流"建设背景下高校图书馆学科情报服务现状及发展对策研究[J].中华医学图书情报杂志，2021，39(2)：113-120.

[5] 陈振英，田稷.决策情报服务营销：浙江大学图书馆的实践[J].大学图书馆学报，2021，39(4)：43-47.

军队院校图书馆知识产权信息服务模式与策略探讨

陈红蕾　何　梅　曾文婷　张　璐

国防科技大学图书馆，湖南长沙，410073

摘要：“十四五”开局以来，我国大力推动知识产权高质量发展。本文在调研国内外高校开展知识产权信息服务情况的基础上，结合当前军队院校知识产权信息服务需求及服务现状，提出通过嵌入重大科研项目、精准服务高价值专利培育项目、协助科研人员申报专利奖项、面向不同层次人员需求开展专利信息素养教育等方式，探索军队院校图书馆知识产权信息服务模式和服务策略，为军队院校人才培养和科技创新提供有效支撑。

关键词：军队院校图书馆；知识产权信息服务

1　引言

2023 年全国两会召开，根据国务院关于提请审议国务院机构改革方案的议案，完善知识产权管理体制，加快推进知识产权强国建设，全面提升知识产权创造、运用、保护、管理和服务水平[1]。“十四五”开局以来，我国大力推动知识产权高质量发展，制定了《“十四五”国家知识产权保护和运用规划》[2]，为未来 5 年我国知识产权事业发展绘就了“施工图”。高校是基础研究的主力军、原创成果的策源地，是建设世界科技强国和教育强国的战略支撑力量，预计在未来 5 年内，我国高校专利数量将出现大幅增长，也为高校知识产权工作提出了更新更高的要求。军队院校作为军队人才培养和科技创新的摇篮，既是军队知识产权的主要发源地，也是知识产权服务的重要需求主体，对知识产权信息服务有着十分迫切的现实需求。

2 军队院校图书馆开展知识产权信息服务的必要性

2.1 政策导向所趋：国家知识产权战略的长效驱动，助推高校图书馆成为知识产权服务支撑机构

本次国务院机构改革调整，将国家知识产权局重新回到国务院直属，提升了知识产权在国家未来战略上的地位，更加有力地推进知识产权强国战略。无论是《国家科技重大专项知识产权管理暂行规定》还是《国家创新驱动发展战略纲要》的发布，都说明国家对科技创新过程中知识产权创造、运用、保护和管理的重视。《高等学校知识产权管理规范》(GB/T 33251—2016)指出知识产权服务支撑机构，可设在高校图书馆；《国家知识产权试点示范高校建设工作方案(试行)》指出：充分发挥高校知识产权信息中心、图书馆等信息服务部门和知识产权专员队伍作用，为专利全寿命周期管理提供服务支撑[3]。在《教育部、国家知识产权局、科技部关于提升高等学校专利质量促进转化运用的若干意见》(教科技〔2020〕1号)中将专利转化等科技成果转移转化绩效作为一流大学和一流学科建设动态监测和成效评价及学科评估的重要指标[4]。

从以上政策文件可以清楚地看到，高校依托图书馆提供优质高效的知识产权信息服务，已经成为行业共识，并得到了国家知识产权局、教育部等部委的高度关注。基于高校图书馆全方位开展知识产权信息服务相关工作，这些工作有助于构建高效快捷的知识产权管理体系，对于高校优化知识产权科学布局、促进知识产权价值实现、加强知识产权风险防控起到十分关键的作用。

2.2 发展形势所迫：探索军队院校图书馆知识产权信息服务，促进科技创新向战斗力转化

2017 年 12 月 25 日国家知识产权局办公室与教育部办公厅联合印发《高校知识产权信息服务中心建设实施办法》，并于 2021 年对该办法进行了修订，明确指出高校知识产权信息服务中心一般依托高校图书馆等现有机构，旨在推动将知识产权信息服务工作融入高校知识产权创造、运用、保护、管理、服务全链条，促进高校科技成果转移转化[5]。2019 年 3 月至今，由国家知识产权局、教育部联合，先后开展了四批次的高校国家知识产权信息服务中心遴选工作，经自主申报、材料提交、形式审查、专家初评、复评答辩等环节，共有 103 所高校入选“高校国家知识产权信息服务中心”名单，95%以上挂靠在学校图书馆，依托图书馆丰富的文献资源和专业的人才队伍，开展知识产权信息服务工作。

据初步调研了解到的情况，目前多数军队院校尚未建立专门的知识产权信息服务机构，知识产权信息统计、分析、获取的途径比较单一，装备科研项目中知识产权信息分析和利用程度不够，科研人员知识产权意识还需进一步提升。因此，借鉴地方知名高校图书馆知识产权信息服务经验，探索军队院校图书馆知识产权信息服务模式，有利于促进科技创新向战斗力转化。

3 研究现状

3.1 国内研究现状

近年来国家非常重视高校知识产权信息服务，目前入选的 103 所高校“高校国家知识产权信息服务中心”，重点依托图书馆开展知识产权信息服务，致力于提升师生知识产权意识，紧密结合科研人员与师生需求，不断提升高校创新能力，支撑了学校“双一流”建设，在知识产权信息服务方面已经初见成效。从调研情况来看，许多高校引进或购买了一定数量的知识产权资

源或分析工具[6]、组建了专职(兼职)的服务团队，为知识产权服务奠定了良好的人力、物力、制度基础。在服务内容方面，较多高校均开展了以专利咨询、专利检索、专利查新及知识产权培训为主的基础性服务，以专利分析、专利导航、专利价值评估、知识产权评议[7]等深层次知识产权信息服务，有部分高校图书馆走在前列。例如，北京大学图书馆于 2016 年开始筹划开展专利竞争力分析，先后发布了 2016 年版、2018 年版和 2021 年版的《北京大学专利竞争力分析报告》[8]。南京大学图书馆专利信息服务团队围绕该校具体科研项目，进行专利申请前的查新检索，专利授权后的管理、运营、维护，为项目组在科研立项、奖励申报、成果评价、研发方向、市场合作等方面提供有力支撑[9]。复旦大学图书馆为学校科技成果转移转化提供政策咨询、法律咨询、评估定价、投融资服务等[10]。与地方高校相比，军队院校图书馆开展知识产权信息服务的相关研究较少。

3.2 国外研究现状

国外高校图书馆十分重视与知识产权相关的资源揭示、信息整合，在专利服务上已经形成了较为完善的机制，通过多种方式提供专利知识宣传、专利政策指导、技术中介与项目融资等与专利相关的服务，解答师生有关知识产权的基础性知识类的疑问，同时，提供了较为详细的学校知识产权政策和相关法律声明。其中，专利与版权的教育是国外高校图书馆普遍开展的教育内容，如斯坦福大学的版权与合理使用中心(Copyright and Fair Use)开展与版权相关的教育与咨询[10]；哈佛大学图书馆非常重视面向科研人员的版权咨询与服务[11]，在 20 多个分馆中组建了接受过专业版权培训的馆员队伍，为师生提供版权第一响应者(copyright first responder，CFR)服务，师生遇到任何版权相关的问题，CFR 都会给予专业帮助；西点军校也非常重视版权服务，该服务重点在于帮助教师解决教学相关的版权问题；日本自 2002 年确立“知识产权立国”的国家战略以来，日本高校由校内知识产权部门、研究推进部门、图书馆、产学协创部门和技术转移机构联合组建形成了较为完善的知识产权信息服务体系，提供高校科研成果从创造到运营的全流程服务[12]。

在知识产权竞争愈演愈烈的当前国际大环境下，高校图书馆作为知识产权服务机构的支撑力量不断凸显，是高校建设更加完善的知识产权信息服务体系重要的一环。

4　军队院校图书馆知识产权信息服务开展模式

与地方高校相比，军队院校既担负着培养军队人才的职能，又承担了武器装备关键技术攻关和国防科技自主创新的重要使命；既是知识产权服务的重要需求主体，也是军队贯彻实施国防知识产权战略中的关键环节。结合国内外高校图书馆开展知识产权信息服务情况，以及当前军队院校知识产权信息服务需求及服务现状，可通过嵌入重大科研项目、精准服务高价值专利培育项目、协助科研人员申报专利奖项、面向不同层次人员需求开展专利信息素养教育等方式，探索军队院校图书馆知识产权信息服务模式和服务策略，进一步支撑军队院校学科建设及人才培养。

4.1　支持学校学科建设，为重大科研项目提供全过程知识产权信息服务

针对军队院校学科设置、研究基地、创新中心、重点实验室等科研课题组尤其是重大专项课题组，知识产权信息服务中心可结合项目开展的各个阶段需求提供相应的知识产权信息服务。在项目选题、立项阶段，通过搜集整理拟研究选题的知识产权信息，避免重复立项，以减少研发资源的浪费，提高研发成果输出效率和质量；在实施阶段，为项目组进行专利检索分析，对相关技术、市场等进行预警跟踪，协助项目组适时调整项目研究方向和技术路线，规避知识产权风险[13]；在项目结题阶段，进行项目成果知识产权清单梳理，提供项目结题所需知识产权方面相关材料支撑；在成果转移转化阶段，提供知识产权转移转化分析和建议服务。

4.2　基于高价值专利培育项目的个性化精准服务

近年来，在知识产权强国建设背景下，“高价值专利”成为热词而备受关

注。高价值专利的定义目前还没有统一的标准。知识产权发展研究中心主任韩秀成从高水平技术方案、高质量申请文件、符合专利授权条件并有较好的权利稳定性及良好的国内外市场前景四个维度来评价高价值专利[14]。2022年12月教育部、国家知识产权局、科技部联合发文，共同组织开展“百校千项”高价值专利培育转化行动，将培育高价值专利作为重点任务之一[15]。

以高价值专利培育项目为切入点，军队院校图书馆可协助学校在高价值专利培育工作机制建立和措施制定、技术研发、专利布局等过程中提供个性化精准的专利信息服务，不断助力学校专利质量提升，避免专利“重申请轻实践”和“重数量轻质量”，为深入实施创新驱动引领学校高质量发展提供强有力的支撑。

4.3 协助科研人员申报专利奖项

高校在“中国专利奖”和“国家技术发明奖”等重量级专利奖项评选中的获奖数量和获奖级别，可作为检验高校及其科研团队创新能力的重要指标[16]。

我国从1989年开始设立中国专利奖，作为我国在专利领域的最高政府奖，由国家知识产权局与世界知识产权组织共同开展中国专利奖评选工作，截至2023年4月已成功举办了24届(2023年4月17日公示了第24届中国专利奖评审结果)。自2009年第11届以后，中国专利奖评选周期由两年一届改为一年一届。中国专利奖设中国专利金奖、银奖、优秀奖，中国外观设计金奖、银奖、优秀奖，鼓励和表彰为技术(设计)创新和经济社会发展作出突出贡献的专利权人和发明人(设计人)。

为更好地服务军队院校教师和科研人员，提升军队院校奖项申报的质量和水平，知识产权信息服务中心可从申报组织策划、申报材料撰写等角度，结合科研人员的需求，提供咨询与帮助，如邀请专利奖申报辅导专家就相关申报工作进行指导、为科研人员提供填报指标数据检索与分析等。

4.4 面向不同层次人员开展专利信息素养教育

根据军队院校实际情况，面向不同层次人员需求，深入探索专利信息素养教育开展模式，支撑军队院校学科建设及专利人才培养。

(1) 面向学生开设知识产权信息利用能力课程，包括专利基础知识及专利信息检索和利用培训等基础的知识产权信息素养教育，不断提升学生知识产权意识，宣传普及知识产权信息知识及技能。

(2) 面向教师的专业课程嵌入知识产权信息检索分析，例如，将专利检索、专利分析等内容嵌入教师的专业课程教学，结合专业课程内容，共同助力复合型人才培养，促进科技创新。

(3) 面向科研管理人员开展知识产权全流程管理提供服务。科研管理人员是知识产权保护和管理的重要守护者，特别是在对科研人员成果运用及归属权的管理、完善激励机制、协调引导、监督检查及畅通军队院校知识产权全流程各环节工作中起到极为重要的作用。军队院校图书馆可在知识产权创造、运用、保护、管理和服务各阶段，为科研管理人员提供有针对性的信息服务，为军队院校自主创新和形成自主知识产权提供服务保障。

4.5 建立基于军队院校的知识产权管理信息库

军队院校图书馆是院校信息化建设的重要组成部分，大多数学校都建立了丰富的文献资源保障体系，拥有一支长期从事信息检索的馆员队伍，可将业务进行拓展，承担基于本校的知识产权信息及相关数据文献情报的收集、整理、分析工作，为学校师生及相关部门提供专利文献资源检索、专利信息统计分析等基础服务。同时，可进一步根据学校各学院、学科及研究方向分别建立知识产权专题数据库，定期维护和及时更新相关数据，逐步建立基于军队院校的知识产权管理信息库。

5 结语

与地方知名高校相比，目前军队院校知识产权信息服务水平还有待提高，在知识产权信息资源建设、专业服务人才队伍、知识产权服务范围和广度等方面仍有较大差距。通过学习借鉴国内外高校相关服务经验，瞄准军队院校知识产权信息服务需求，并深入探索开展基于军队院校特色的知识产权信息服务工作，有助于构建高效快捷的知识产权管理体系，为军队院校人才培养和科技创新提供有效支撑。

参考文献

[1] 中国政府网. 一图读懂国务院机构改革方案[EB/OL]. [2023-08-10]. http://www.sasac.gov.cn/n2588025/n13790238/n13790243/c27397325/content.html.

[2] 国家知识产权局. 国务院关于印发“十四五”国家知识产权保护和运用规划的通知[EB/OL]. [2023-08-10]. https://www.cnipa.gov.cn/art/2021/10/11/art_2758_170644.html.

[3] 国家知识产权局办公室，教育部办公厅. 国家知识产权试点示范高校建设工作方案(试行)[EB/OL]. [2023-08-10]. http://www.moe.gov.cn/jyb_xxgk/moe_1777/moe_1779/202003/W020200303369953659587.doc.

[4] 中华人民共和国教育部. 教育部、国家知识产权局、科技部关于提升高等学校专利质量促进转化运用的若干意见[EB/OL]. [2023-08-10]. http://www.moe.gov.cn/srcsite/A16/s7062/202002/t20200221_422861.html.

[5] 国家知识产权局. 国家知识产权局办公室、教育部办公厅关于印发《高校知识产权信息服务中心建设实施办法(修订)》的通知[EB/OL]. [2023-08-10]. https://www.cnipa.gov.cn/art/2021/6/21/art_2073_160176.html.

[6] 徐晨琛. 高校图书馆知识产权信息服务现状调查与分析[J]. 数字图书馆论坛，2019(12)：66-72.

[7] 晁蓉，黄筱玲，王华. 基于内容分析法构建高校图书馆知识产权信息服务模式

[J]. 图书馆学研究, 2020(20): 81-89.

[8] 刘秀文, 王怡玫, 罗文馨, 等. 高校专利竞争力分析的方法与实践——以北京大学图书馆为例[J]. 大学图书馆学报, 2022, 40(6): 64-69, 91.

[9] 严哲, 罗钧. 基于生命周期的高校图书馆专利信息服务体系构建与实践——以南京大学“智能图书盘点机器人”项目为例[J]. 图书馆学研究, 2021(1): 51-57.

[10] 肖兰, 陈幼华. 高校图书馆知识产权信息服务: 国内外现状调研与发展路径[J]. 图书情报研究, 2020, 13(3): 36-44.

[11] 孔凡晶, 张舒. 哈佛大学图书馆管理模式变革及科研服务研究[J]. 图书馆, 2022(9): 84-88.

[12] 赵乃瑄, 许睿. 日本高校知识产权信息服务特点与启示[J]. 图书情报工作, 2021, 65(8): 114-121.

[13] 张淑慧. 高校图书馆专利信息综合服务体系建设分析——以河南省为例[J]. 内蒙古科技与经济, 2019(20): 90-91.

[14] 国家知识产权局. 韩秀成: 如何培育高价值专利[EB/OL]. [2023-08-10]. https://www.cnipa.gov.cn/art/2017/6/16/art_664_48864.html.

[15] 教育部办公厅, 国家知识产权局办公室, 科技部办公厅. 教育部办公厅、国家知识产权局办公室、科技部办公厅关于组织开展“百校千项”高价值专利培育转化行动的通知[EB/OL]. [2023-08-10]. http://m.moe.gov.cn/srcsite/A16/s7062/202212/t20221229_1036983.html.

[16] 江南大学. 第 21 届中国专利奖出炉! 江南大学 3 个项目获奖[EB/OL]. [2023-08-10]. https://www.thepaper.cn/newsDetail_forward_8313829.

图书馆深层次信息服务与信息素养教育研究

赵金柱　陈蕾蕾　涂　燕　高　迪　张　璇　任月飞
国防科技大学电子对抗学院图书馆，安徽合肥，230037

摘要：随着信息技术的飞速发展和广泛应用，必须有针对性地开展图书馆深层次信息服务，开展信息素养教育，拓展服务功能、提高服务水平，为学校人才培养和学科建设提供有力的信息资源支撑。

关键词：深层次服务；学科服务；个性化服务；知识服务；特色数据库；信息素养

图书馆是高等院校的文献信息资源中心，其水平是学校总体水平的重要标志[1]。随着现代技术和网络技术的飞速发展，读者获取各类信息的渠道越来越多，图书馆的传统地位受到巨大挑战。对标世界一流大学图书馆的发展，我们还需不断推进深层次信息服务，积极研究和把握读者对图书馆的新需求，更好地服务于教学和科研，为“双一流”建设做出应有的贡献。

1　开展深层次服务的必要性和重要性

1.1　高校图书馆发展的必然要求

当前，人类社会已进入信息化、智能化的双层叠加的时代，大数据、云计算等信息技术深刻影响着社会生活的方方面面，如果图书馆仍然以文献收藏、提供借还等基础服务为主，其存在的意义必然会慢慢下降。面对以大数据、人工智能为代表的一系列新技术，许多高校图书馆在进行服务转型升级的探索与实践。深层次服务是相对传统的“采、借、阅、藏”等传统服务而言，是由馆员凭借自身专业素养和知识结构对文献资源信息进行充分挖掘，针对读者的具体需求，依托各种网络通信技术和平台能及时地、不间断地为用户提供有用的知识情报[2]。图书馆馆员利用自身的图书馆学专业知识和技能、依托现有馆藏资源和现代信息技术，拓宽服务范围、开展多种深层次服务，这是信息时代发展的必然要求。

1.2 读者信息需求及环境变化的要求

研究显示，国民阅读中传统纸质文献阅读量正逐年下降，而同时期的电子阅读量呈逐年上升趋势。在文献载体的需求上，读者不再限于纸质文献资源阅读，还要配有声音、图像、动画等多类型的电子资源。在读者服务内容上，读者希望图书馆能够运用现代信息技术手段，对相关学科的内容进行深层次开发、整合。在读者服务方式上，也从以前的到馆服务，转变为依靠网络获取想要的资源，也期望可以通过各种网络软件和技术与图书馆的各种服务进行无缝连接[3]。

2 开展深层次信息服务的内容

2.1 学科服务

图书馆界初景利教授认为：学科服务需要学科馆员从用户的信息需求出发、从用户的利益出发，建立一种真正的面向用户的全馆服务机制，很有可能这就是未来图书馆服务的发展轨迹[4]。如设立学科馆员，主动与其所负责的专业院系联系，掌握学科的前沿动态，了解读者的文献信息需求；学科馆员在专业课程中，以专业案例的形式嵌入信息素养教育，助力高校人才培养。

2.2 专题信息服务

专题信息服务，即图书馆根据读者特定研究课题的需要，利用馆藏文献资源或互联网资源，在规定时期内为读者提供对方需要的文献信息服务。图书馆要根据学科专业的特点和发展的需要，对馆藏现有信息资源进行优化整合，在此基础上，针对不同层次读者的需求开展多样的专题信息服务。比如根据读者在教学科研中的需求开展查收查引、科技查新、学科热点、文献传递等专题服务；利用馆藏各类电子资源，搜索与研究课题相关的文献信息资源，形成报告提供给课题研究项目组；直接加入读者课题研究活动中，有针对性地向他们提供所需的文献资料，提高馆藏资源利用率，提高科研人员的研究效率。

2.3 知识服务

一是智能推送服务。采用数据挖掘技术，针对不同读者不同的需求，进行消息类推送和资源类推送服务。消息类推送主要是借助网络技术，向读者推送馆内活动通知、讲座培训、资源更新等信息；资源类推送是经过大数据分析，系统自主识别读者类型、读者需求，建立读者兴趣模型，为读者提供精准的相关资源服务。另外，还可对读者的浏览、使用等记录，进行分析，依据智能信息技术，向读者推送潜在的兴趣资源，增强与读者的点对点的服务，满足不同读者的个性化需求，促进服务模式的创新与改革。

二是个性化定制服务。依托现有数字技术，图书馆可为读者提供个性化的定制界面，读者也可以根据自己的想法，添加或删除一些模块，设计个性化页面。读者检索时，系统则会根据数据库中的读者记录向读者推荐最适合的服务或资源，读者可进入一个完全个性化的空间，大大节约了读者获取信息的时间。并且定制服务系统能够根据读者需求的变化而不定时更新，从而为读者提供更为精准、及时、高效的服务。

三是资源推荐服务。将图书馆新购或整合加工资源有计划地推荐给读者，可以借助图书馆网站平台，提供热门图书、新引进数据库等资源推荐，有效提高馆藏资源的利用率。另外在大数据环境下，可以利用大数据技术对馆藏资源进行深入加工，充分揭示资源内容之间的关联性，并以此为基础构建馆藏资源之间的链接，方便用户获取更多相关资源。

四是嵌入式知识服务。嵌入式知识服务是指馆员全流程参与教学、科研活动中，主动了解读者信息需求，及时准确地为读者提供信息加工、整理、组合等知识服务[5]。嵌入式知识服务是智慧图书馆中面向读者的重要服务形式，将图书馆的知识服务嵌入读者的日常工作和学习中，读者能够更加高效地进行文献阅读和信息检索。嵌入式知识服务还可以根据高校专业设置情况，设计分类可显示专业导航、学科前沿、热点追踪、知识点分析等信息学科服务模块。

2.4 特色数据库建设

特色数据库是图书馆充分挖掘现有馆藏特色信息资源，建立具有馆藏特色的文献信息数据库。建设特色数据库，可以使零散的文献资源得以系统化、有序化加工整理，并可使纸质资源转化为可以长期保存的电子资源，大大提高了图书馆现有馆藏资源的利用价值。建设特色数据库，可以优化网络资源，方便读者查找利用资源，最大限度地满足了读者的信息阅读需求，提高读者满意度。图书馆只有在深入开发现有馆藏资源的基础上，建立具有自己馆藏特色的数据库，才能为广大读者提供更有针对性、更深入的服务，才能提升文献资源保障水平。

总之，深层次信息服务是图书馆传统服务在网络环境下的深化和发展，它着重的是图书馆服务的主动性、针对性和知识性，其中，信息素养教育是深层信息服务的一个重要内容。

3 信息素养教育

教育部《普通高等学校图书馆规程》中明确提出，图书馆应重视开展信息素质教育。

3.1 信息素养教育的驱动机制

一方面，新一代信息技术快速发展，使信息爆炸式的增长，这对于当代学生、读者而言，如何做出正确的判断，如何评估所获取信息的可靠可信程度，如何组织、处理、分析、存储及利用信息，都变得越来越重要。这些都属于信息素养教育的范畴。

另一方面，信息技术的发展，使得图书馆馆员的职能也发生着变化。作为图书馆工作人员，应该熟悉本馆馆藏分布、了解学校学科相关知识，以便提供更加便捷、高效和个性化的服务；还应加强先进信息技术的学习，在工作实践中加强信息检索能力，不断提高自己的岗位任职能力。图书馆馆员也要“走出去”“请进来”，向一流大学或其他兄弟院校学习先进的图书馆管理经验，在工作中指导工作实践，从而提高文献信息服务能力。

3.2 信息素养教育的方式

信息素养教育是一项借助各种现代化的教学手段，向人们传授信息知识，引导人们获取信息、处理信息的教育活动。而高校图书馆信息素养教育则是在高等教育阶段，由图书馆作为教育实践的主体，校内外的其他力量作为辅助，对在校师生开展的信息素养教育[6]。根据读者实际需要，信息素养教育的具体内容包括：图书馆及文献资源索引和利用、数据库利用培训及论文写作指导等相关讲座，具体包括以下七种方式。

(1)新生入馆教育。

新生入馆教育是针对刚入学的本科生和研究生开展的教育形式，旨在通过实地参观、发放入馆手册、集中讲解、知识闯关、微电影、虚拟导览等活动方式来帮助新生快速了解图书馆的基本情况，建立起对图书馆的初步印象。教育内容主要包括图书馆简介、馆藏资源布局、服务内容、借还书、常用电子资源介绍，以及与读者有关的规章制度等。

(2)专题培训讲座。

专题培训讲座是高校图书馆不定期地邀请著名学者、数据库培训师或图书馆员就信息素养某一专题进行详细讲解，具有更新快、限制小、灵活方便等特点，一般会提前安排好讲座时间、地点、主题、主讲人等。开展特定主题的军事人文知识讲座，紧贴读者生活，提升图书馆的影响力。旨在通过讲座这一形式，来帮助师生了解并掌握信息素养相关的知识和技能，提高文化素养。例如军队院校图书馆开展俄乌战争、大国关系类系列军事讲座。

(3)文献检索课。

文献检索课是向读者教授信息获取、信息处理和利用方面的知识，引导读者树立正确的信息意识，使读者能运用信息工具及利用信息知识，提高读者学习能力和独立研究能力。文献检索课不仅要传授信息检索知识，提升信息获取能力，还要注重知识的灵活运用和批判性思维水平的提升[7]。通过检索课程的学习，读者可以全面了解图书馆的文献信息资源和信息服务，提高读者获取信息、处理信息及利用信息的能力，提高图书馆的利用率。

(4)嵌入式教学。

嵌入式教学是指在教学过程中，学科馆员走进课堂，以嵌入式教学模式推动课程开展。根据学生实际情况，建立分层教学培训模式，围绕课程内容或者研究课题开展信息获取、分析、处理和利用。嵌入式教学通过一定的方式融入学生科研活动中的不同阶段，比如，读者学科专业学习与在线信息素养平台相结合，提供一种全新的学习方式和知识传授方式；学科馆员在不同学习阶段根据学科特点而辅助进行信息素养的课程；学校根据学科发展的实际，开设与本专业有关的信息素养教育课程。

(5)信息检索大赛。

信息检索大赛通常是联合数据库服务商，对特定数据库的使用进行答题竞赛，是竞赛模式与信息素养教育相结合的产物，旨在增强读者的信息素养，推广数据库资源，让读者更多了解数据库的特色和用法，提高信息能力，为今后的学习和学术研究打下坚实的信息基础。

(6)学分课程。

学分课程是由高校图书馆负责组织授课并纳入教学计划的文献检索课或信息素养课，采用每学期固定开课的方式，为学生系统地讲授信息素养知识。课程通常采用理论与实践教学相结合的教学方法，让学生掌握文献信息检索的基本技能，特别是获取网络信息资源的能力，达到增强学生的学习能力和研究能力，增强学生信息意识，提高学生信息素质的目的。

(7)夏令营。

夏令营是指地方高校图书馆在暑假期间提供给学生的社会实践活动。如安徽省高校数字图书馆与安徽省教育厅联合举办的“安徽省高校研究生信息素养夏令营”活动，旨在增进学生之间沟通与交流，促进行业进步。

4 结束语

综上所述，图书馆应充分认识开展深层次信息服务的重要性和必要性，利用自身在资源、建设上的优势，开展多样的深层次信息服务，特别是信息素养教育。信息素养是一种能够有效把握自身信息需求、准确判断信息价值，合法合理地运用知识和技术对信息进行获取、开发、传播的综合性能力[8]。信息素养是创造性人才的必备素养，随着信息时代的发展与信息化程度的加深，信息素养教育在学校人才培养中和学校高质量发展中发挥着越来越重要的作用。

参考文献

[1] 教育部关于印发《普通高等学校图书馆规程》的通知[EB/OL].[2023-08-10]. http: www. moe. gov. cnsrcsiteA08moe_736s3886201601t20160120_228487. html.

[2] 朱剑宇. 网络环境下高校图书馆深层次服务探究[D]. 武汉：华中师范大学，2014.

[3] 朱剑宇. 网络环境下高校图书馆深层次服务探究[D]. 武汉：华中师范大学，2014.

[4] 范爱红. 美国康奈尔大学的学科馆员工作模式及其启示[J]. 图书馆杂志，2010(6)：124-125.

[5] 德国明，王蕴洁. 大数据背景下高校图书馆知识服务研究[J]. 图书馆学刊，2021(2)：72-75.

[6] 刘丽辉，王秀文.高校图书馆信息素养教育研究[J].社科探索，2021(1)：46.
[7] 刘凡.合肥地区公办本科院校图书馆信息素养教育研究[D].合肥：安徽大学，2022.
[8] 牛勇.基于用户生成服务的高校图书馆信息素养教育研究[J].大学图书情报学刊，2023(2)：56-57.

第五篇 阅读推广

军队院校灰色文献阅读推广模式研究

何　毅　胡胜男

国防科技大学图书馆，湖南长沙，410073

摘要：本文探讨了军队院校灰色文献的概念及特点，表明了军队院校进行灰色文献阅读推广对于院校和学科建设的重要意义，在分析了军队院校灰色文献由于价值不被认识、开发利用不充分和安全保密致使阅读推广困难后，提出了三个具有针对性的推广模式：开展特色阅读推广活动、建设机构知识库和开办内部刊物，以求达到揭示军队院校灰色文献价值，推进用户利用灰色文献，发挥灰色文献对于院校和学科建设重要作用的目的。

关键词：军队院校灰色文献；阅读推广；困难；推广模式

1　引言

近年来，高校图书馆各种阅读推广活动精彩纷呈，在培养大学生文化素养、促进校园文化建设方面产生了重要的推进作用。通过调研分析国内高校图书馆阅读推广研究与活动开展情况发现，无论是新媒体阅读推广还是实体阅读推广，高校阅读推广的主体对象都是经典图书，特别是人文社科类图书，军队院校也不例外。

本文系湖南省哲学社会科学基金项目“智慧图书馆知识服务体系研究”（项目编号 23YBA041）研究成果之一。

灰色文献是最原始的、第一手的信息资料，是高校教学、科研活动中的重要信息源，甚至是信息时代推动科学研究、经济发展及社会文明进步不可缺少的重要信息资源[1]。军队院校在长期的科研、教学和管理实践中产生了大量的灰色文献，其数量庞大、价值含量高，对教学科研、学科建设及院校发展都具有重要意义。但是长期以来，因其获取困难及敏感性，灰色文献没有作为推广对象出现在任何阅读推广活动中。

对军校图书馆而言，对军校灰色文献进行阅读推广，可以有效揭示军队院校各学科领域前沿热点，体现军队院校图书馆的特色，促进军队院校学科建设及院校发展。

2　军队院校灰色文献的特点分析

灰色文献是文献资源的重要组成部分，专家们将其界定为介于正式出版、通过正规渠道发行并在社会上公开流通的白色文献和非公开发行、内容保密的黑色文献之间的文献。而军队院校灰色文献与一般意义上的灰色文献又有不同，它属于军事文献与灰色文献的交叉融合，兼具两者的特点，可概括为未通过正规出版发行，难于获取的有关军事科学与技术领域的所有文献。军队院校灰色文献的特点表现在三方面。

2.1　边界模糊，甄别困难

军队院校文献来源于军事科研、教学和管理实践中，可能涉及军事敏感信息而不便于公开出版、发行和流通，所以军队院校文献大部分为灰色文献。同时，由于环境的敏感性，即便是白色文献在军事领域也可能被灰色化，所以军队院校灰色文献与军队院校一般文献之间边界模糊，难以区分，这一特点也给军队院校灰色文献的开发、利用带来难度，需要仔细甄别、谨慎利用。

2.2 数量庞大，含金量高

军队院校灰色文献覆盖了 Web of Science 大部分学科类别，内容涉及广泛，学科跨度大，包含了从基础科学到新兴交叉、从海洋科学到航空航天、从军事指挥到生物医学等内容，来源非常广泛，内容极为丰富。同时，军队院校灰色文献产生于各种军事科研、教学与军事管理、实践行为中，内容针对性强，价值含量高，对我国军事科学、技术的发展，对国防事业的建设都具有很大的指导作用。

2.3 自带密级，使用受限

军队院校灰色文献中的内部文献和密级文献，必须经内部人员获上级部门批准后严格按照军队保密规定阅览或使用，密级又分为秘密、机密和绝密三个等级，密级越高，使用越受限制。该特点使军队院校灰色文献区别于一般灰色文献，严重影响了对其的开发与利用，不利于发挥军队院校灰色文献的重要价值。

3 当前军队院校灰色文献阅读推广的难点和痛点

军队院校灰色文献阅读推广虽然具有重要的价值和意义，但是由于上述特点，开展阅读推广活动困难重重。

3.1 文献稀缺性的挖掘缺乏，独特价值难以体现

灰色文献是一块待开垦的宝藏，军队院校灰色文献更是一个聚宝盆，王世伟概括了灰色文献的八大价值：稀缺性的文献价值、不对称性的情报价值、史料性的历史价值、多样性的数据价值、多维度的社会价值、参考性的智库价值、独特性的学术价值和收藏性的经济价值[2]。近年来不少专家也都在积极呼吁重视灰色文献的价值和地位，全国性的灰色文献年会也已召开了两次，但是目前，灰色文献的价值仍未被广大用户所认识，这是导致灰色文献使用较少的一

个根本原因，也是在军队院校灰色文献阅读推广中要解决的首要问题。

3.2 开发利用手段单一，常规推广方式难以奏效

相对于地方高校，军队院校在灰色文献开发、利用上的成效均要稍逊一筹，据笔者调研，军内参与灰色文献开发、利用的高校数量不多，仅有不足十家单位；采集渠道及方式有限，仍然局限于传统的呈缴、交换、购买，而这些采集渠道或方式的不确定性会对灰色文献的长期保存、开发利用带来限制；开发类型和手段单一，主要表现为建设本校硕博学位论文库，对教材教参、专家手稿、会议论文等其他同样具有重要利用价值的灰色文献类型开发较少，开发手段也集中表现为基础数字化，而较少采取其他手段；利用层次浅，军队院校对灰色文献的利用大都停留在对数字化内容的简单陈列上，缺少深入揭示或者相关内容拓展，与灰色文献相关的学科服务也难觅踪影。所以，军队院校灰色文献开发利用不充分的问题将直接导致其阅读推广的问题：无资源可推广、推广嵌入方式无法多样化。

3.3 保密安全受限多，文献甄选难度大

军队院校灰色文献由于有较大可能涉及国防、军队建设重要内容，性质敏感，在对其进行阅读推广的过程中，安全保密问题始终是一条高压线。这使得推广工作进行之前必须仔细对文献资源进行甄别，后果必然导致相当大的一部分价值含量高的“嫌疑”文献被阅读推广活动抛弃，同时甄选工作量及工作难度的加大也将给阅读推广团队人员的数量和素质提出更高要求。

4 军队院校灰色文献阅读推广模式

信息时代人们对信息的需求是多方面的，用户对灰色文献不仅仅是猎奇、猎新，更多的是渴求、吸收，而图书情报机构作为用户与信息资源之间的桥梁，则应多多思考如何让灰色文献更好地为用户服务，用户推广只是第一步[3]。为广泛推广军队院校灰色文献，可以考虑从以下几个方面进行攻关。

4.1 另辟蹊径，开展军队院校特色阅读推广活动

近年来，各种阅读推广活动花样层出不穷，读者已出现了一定的审美疲劳，在灰色文献的推广中，军队院校必须另辟蹊径，以军队院校特色为基础，牢牢抓住读者需求，开展一些与众不同的阅读推广活动，方能吸引军队院校师生眼球，起到更好的活动效果。

(1)专家领读计划。

在军队领域，不乏学术成就与人物影响力都非常大的专家学者，他们本身掌握着大量价值含量相当高的课件、著作手稿、会议录，甚至国家或军队重要学术成果，院校可邀请他们作为其自身成果或者相关领域灰色文献的领读人，以专家的人物魅力吸引用户，为用户深入揭示灰色文献的内在价值，带领用户领略国家或军队高、精、尖的重大科技研究成果，达到发挥灰色文献价值及作用，助力院校发展的目的。

国防科技大学图书馆从 2018 年开始打造自身文化品牌，不遗余力地进行各项馆藏资源与服务的推广活动，“蕙风讲坛”就是一个专家领读计划的优秀案例。据统计，自 2019 年创办以来，“蕙风讲坛”共开展了 37 期(截至 2022 年 10 月 7 日)，邀请了校内外多名院士、专家举办讲座，以介绍主讲人人生经历、科研成果为主线，辅助推荐图书馆相关资源和服务。该活动吸引了广大读者积极参与，反响热烈，该品牌栏目的运行模式可对灰色文献的专家领读计划起到较好的参照作用。

(2)精读、荐读灰色文献活动。

灰色文献蕴含巨大的学术价值却鲜为用户所知，军队院校图书馆推广灰色文献可开展各种寻宝计划阅读活动，如灰色文献阅读打卡、灰色文献荐读和经典精读等。

在灰色文献阅读打卡活动中，组织用户参与活动并将每天的灰色文献阅读笔记和学习心得上传至活动平台，要求坚持一定的打卡天数，以此来督促用户养成坚持学术阅读的良好习惯，达到用户加深对灰色文献价值与内容的了解、扩大灰色文献的学术影响力的目的。国防科技大学图书馆为提升用户

和馆员信息素养和科研学术水平，在2020年度、2021年度分别完成了用户和馆员学术文献阅读打卡计划，参与用户与馆员均较好地完成了累计21天的打卡计划，达到了活动的初衷。在军队院校灰色文献的阅读打卡推广活动中，我们可以借鉴该做法，结合军队院校灰色文献特色，积极宣传扩大参与用户数量，让灰色文献真正走入大家的视野，引导用户阅读和利用灰色文献。

灰色文献荐读和经典精读则是指由用户推荐经典的灰色文献，军队院校根据院校发展和学科建设特色选择合适的书目组织全校用户一起阅读，并进行阅读心得撰写和评奖的活动，该举措也有利于扩大灰色文献的影响力。

而为进一步扩大活动影响力，激励用户参与的积极性，将灰色文献阅读、利用推上一个学术战略高度，该活动可联合学校学位办、科研处等机构共同参与，通过发放阅读证书、学分奖励、保研/保博加分等措施扩大灰色文献的影响力。

4.2 构建机构知识库，提供展示和使用灰色文献的窗口

机构知识库(institutional repository，IR)这一概念产生于20世纪90年代，我国学者在20世纪初期将IR的理念引入国内后，对相关方面的研究逐渐兴起并很快成为热点，各科研机构也开始尝试建设本单位的IR[4]。机构知识库具有学术传播、电子出版、长期保存、知识管理、促进教育、科研评价、共享利用等功能[5]，还能提升学者和机构的学术成果可见度，符合院校“双一流”建设需求。在国家和高等教育发展战略的引导下，军队院校应抓住机遇建立不同内容的机构知识库，尤其是具有军队院校特色的灰色文献机构知识库，充分发挥灰色文献对军队院校教学、科研发展的重要作用。

灰色文献机构知识库不仅是灰色文献储存、管理的平台，也是向用户展示灰色文献成果、提供深层次服务的平台，其本质是一个对灰色文献进行阅读推广的窗口。

军队院校建设灰色文献机构知识库，发挥其对灰色文献的阅读推广作用，首先，必须完善机构库的建设，建成具有军队特色的灰色文献机构库体

系，包含教辅教参、课件、预印本、专家手稿、会议录等多种文献类型，涉及军事科学、科技及实践各方面内容。形式多样、内容充实是机构知识库对灰色文献进行阅读推广的一项基本举措，也是吸引用户的关键。其次，加深对灰色文献的利用，将其充分融入军队院校教学与科研的各个环节，如将灰色文献纳入专家成果内容，开展灰色文献计量分析项目，发挥其对科研绩效评估、学科建设的重要作用，让灰色文献成为不能忽视的重要内容。同时，呼吁院校各部门，如科研处、学位办、智库等相关用户单位共同参与灰色文献的建设工作中，打破传统的以图书馆建设为主体的局面，提倡用户参与，从系统设计、流程管理、资源挖掘和服务方式等多方面深入挖掘用户需求，并丰富参与者的角色和职责，提高其参与和使用的积极性，从侧面达到推广灰色文献的作用[6]。

4.3 创办内部刊物，开展灰色文献导读服务

图书馆馆办内部刊物，不公开出版发行，但可以公开赠阅，本身属于灰色文献的一种，主要内容来源于对馆内各种文献资料，特别是灰色文献的改编或汇编。内部刊物可分为印刷版和电子版，它是对馆内灰色文献开展导读工作的重要途径，是指引用户阅读灰色文献、获取灰色文献的一盏明灯。

军队院校图书馆对馆藏的各类蕴含军事科学与技术核心价值的灰色文献进行内容汇总、形式改编，让灰色文献以易于获取、通俗易懂的形式展现在用户面前，可以有效宣传图书馆资源，指导用户阅读，达到挖掘灰色文献价值的作用。

在军队院校灰色文献内部刊物创建工作中，国防大学、信息工程大学等图书馆成绩较为突出。国防大学政治学院图书馆将《国防大学学报》《政工导刊》《解放军国际关系学院学报》《空军军事学术》《军事信息》等十余种军队院校内部刊物进行内容汇总、提炼和串编，形成形式精练、内容精华的《政工文献通报》《理论摘编快报》等灰色文献自创内部刊物，这些刊物对于宣传灰色文献资源和指导灰色文献阅读具有重要作用。

信息工程大学图书馆抓住信息时代大量灰色文献充斥网络的特点，组织

高素质馆员从互联网上抓取各类信息，并经过过滤、筛选、整理和精练等步骤形成自己的灰色文献内部刊物向院机关领导和领域专家推送。信息工程大学对于灰色文献的宣传推广更具时效性，来源更广，内容更丰富，影响更大，是一种值得学习的好方法。

4.4 与校内各职能部门对接，按需开展灰色文献推介服务

为扩大灰色文献影响力，可将推广对象从个人向机构扩展，按照各职能部门的需求，进行专项服务推送，如向学校智库推送国内外最新的科技报告、学科发展报告，向科研部推送高价值的专家灰色学术成果，发挥灰色文献决策支持和科研支撑的作用，达到借由职能部门宣传推广灰色文献的目的。

5 结束语

军队院校灰色文献价值含量高，为充分发挥它对院校和学科建设的重大作用，在做好开发、利用工作的同时，应抓住军队院校特色，探求用户需求，开展形式多样、个性新颖的系列阅读推广活动，扩大灰色文献在用户群体中的存在感和影响力，让军队院校灰色文献得到充分利用，让其蕴含的价值绽放出知识和生命的光芒。当前，与地方高校相比，军队院校阅读推广工作起步较晚，推进难度较大，灰色文献的阅读推广难度更大，军队院校图书馆要深挖军队院校阅读推广活动的发展规律，在阅读推广人才队伍建设、院系合作推广及活动内涵深化上投入更多精力，方能推动军队院校灰色文献阅读推广工作的可持续开展。

参考文献

[1] 孙思琴，楚存坤，韩丰谈. 国内外灰色文献的分布及其对 Meta-分析的影响及对策[J]. 大学图书馆学报，2016(4)：51-56.

[2] 王世伟. 略论灰色文献的八大价值[J]. 图书馆建设，2019(1)：10-17.
[3] 张悦洁. 基于用户需求的灰色文献建设思考[J]. 图书馆工作与研究，2012(6)：79-81.
[4] 刘子辉，陈祖琴，谭光月. 国内外机构知识库研究可视化分析[J]. 图书馆理论与实践，2018(1)：21-26.
[5] 苏秋侠. 智慧图书馆背景下查收查引服务探析——基于“985 工程”高校图书馆网站的调查[J]. 图书馆学研究，2019(24)：61-69.
[6] 任妮，荀广连，戴秀，等. 基于用户参与的科研院所机构知识库建设模式研究[J]. 农业科技管理，2020(2)：1-6.

基于军事职业教育 MOOC 平台的军营阅读推广策略研究

马雪梅　伍小灿

国防科技大学图书馆，湖南长沙，410073

摘要：开展军营阅读推广是当前图情界重要的课题。本文分析目前军营阅读推广工作受到制约的原因，研究军事职业教育 MOOC 平台，利用国防科技大学图书馆丰富文献资源与专业的保障服务，打造特色的军营阅读频道，孵化精准化、个性化军营阅读群落，开辟多形态军营阅读推广之路，在官兵所关心的视野中，提供真正受益的阅读推广服务。

关键词：军营；阅读推广；军事职业教育；MOOC

1　引言

“人民子弟兵”是老百姓对中国人民解放军部队（包括陆、海、空、火箭军、预备役部队）、中国人民武装警察部队（内卫部队、机动部队、海警部队）的亲切称谓，饱含着人民军队和老百姓之间同呼吸、共命运的鱼水深情。人民子弟为人民，图书馆人情系子弟兵。在军民融合战略背景下，开展军营阅读推广活动，推动军旅文化发展，丰富部队文化生活，已成为图书馆人的重要课题。

2 军营阅读推广现状

笔者百度搜索“图书馆 and 军营”，相关结果有 100 多万条。CNKI 中国期刊全文数据库以高级模式检索“图书馆 and 军队”主题词，涉及论文 1523 篇。查阅目录和翻阅论文信息，归纳总结现阶段的军营阅读推广工作，对于广大官兵特殊的群体来说是缺乏多变性与应变性的，主要呈现出两大特点：一是文献资源单一性，阅读资源共享多是图书、期刊等印刷型文献，在百度搜索时，不完全统计，“送书到军营”“书香弥漫军营”等类似标题占 90%。二是现场阅读活动多是“大联欢”形式，图书馆人与官兵在一起，共读共享，同质化、单一性与多变性的问题日益凸显。

在全民阅读大发展的时代，阅读推广活动热火朝天，多变多样，再观军营阅读推广，可用“循规蹈矩”一词形容。造成今天军营阅读推广困境的主要原因是阅读空间(物理空间和虚拟空间)与时间的受限，这导致阅读资源获取渠道与阅读方式等的受限，阅读推广未跟上时代的步伐，未真正地走进兵心。2020 年 4 月 20 日，中国新闻出版研究院发布第十七次全国国民阅读调查成果，手机和互联网成为我国成年国民每天接触媒介的主体，纸质书报刊的阅读时长呈下降趋势。然而互联网的应用与手机的使用在各大战区有着严格的规定，部队官兵接触到互联网的时间少之又少，甚至是零。公共图书馆、高校图书馆，这些图书馆的主体力量都在不断地融合新技术，在互联网中畅游。而军校图书馆虽 90%以上应用了内部网络系统，但其实行的是独立的军中网读者服务系统。以上现状限制了广大官兵的阅读来源与途径，制约了军营阅读推广工作的开展。

面对军营特殊的环境与官兵特殊的群体，除了传统的阅读推广方式外，开展符合条例政策的多元化阅读推广服务，是图书馆人应思考的问题。

3 军事职业教育 MOOC 平台

发展军事职业教育是实现强军目标的战略途径，是一项事关官兵整体能力素质的系统工程。在中央军委的决策指导下，2017 年，“军事职业教育 MOOC 平台”全新上线，这是面向全军的开放的网络课程学习平台，至今已拥有注册官兵 190 余万名，培训课程课 4000 余门，打破了军队地域、网络隔断等制约，实现了广大官兵全员全时全域的泛在学习。

军事职业教育 MOOC 平台面向在职在岗学习、任职培训、专业学位教育、微专业证书教育、技能鉴定等需求，建设服务全军官兵的网络化、开放式、自主性在线学习平台，构建教、学、管、维一体的职业教育云服务系统，重点提供以慕课为主体的在线学习与管理，实现慕课、微课、视频公开课、网络课程、电教教材、电子文档等多种类型教育资源的集成与共享，提供资源丰富、便捷高效的在线课程学习和知识服务，创设全员、全面、全程在线学习的环境和条件，实现了在线学习行为大数据的采集、分析与挖掘，以及官兵终身职业教育学习绩效管理等功能。

军事职业教育 MOOC 平台是以军地院校教育资源为依托、以现代远程教育技术为支撑、以军综网为主要载体、以大规模开放式在线课程为主的多种形式相结合的信息化教育平台。适应网络信息技术和现代教育技术的最新发展，开发部署军事职业教育军综网服务平台，打造军队人员基于军综网的终身学习空间，支持开展军队涉密课程教学和军事职业教育管理，实现军事职业教育统一管理和一站式在线教育服务，为健全全员全时全域的军事职业教育体系提供平台支撑。面向在岗在职开展岗位能力提升与知识拓展更新培训、军事职业技能认证培训、军事职业资格认证培训等非学历继续教育，以及军队高等教育自学考试、国家开放大学联合教育、在线硕士专业学位研究生教育等学历继续教育需求，构建教、学、管、维一体的全军军事职业教育军综网服务平台，提供以知识服务为核心、以慕课为重要表现形式的在线学习与管理框架，整合全军各种类型优质教育资源，实现在线行为大数据采集、分析与挖掘，为全军官兵多样化、个性化、自主性、开放性学习提供一站式 7×24 小时不间断服务。

4 基于军事职业教育 MOOC 平台开展军营阅读推广的优势

军事职业教育 MOOC 平台是全军军事职业教育的主体力量，对于广大官兵而言，突破了学习资源局限性，实现了知识畅游的梦想。军事职业教育 MOOC 体系已由起步走向成熟，同时其也为军营阅读推广服务的发展提供了广阔的空间。

4.1 广阔畅通的军营阅读推广路径

基于军事职业教育 MOOC 平台在全军铺设，建立了符合军队规定的网络环境，搭建了网络化、开放式、全覆盖军事职业教育体系的物质基础和技术支撑。阅读推广可依托平台的网络构建，利用成熟的平台系统，组织阅读推广活动，这样物理阻碍的问题就得到妥善解决，路径畅通并扩展。

4.2 大数据技术的精准阅读推广平台

军事职业教育 MOOC 平台形成具备 300 万级用户注册、30 万人同时在线的平台服务保障能力，具有大数据的采集、挖掘与分析功能，精准分析官兵学习行为，这为开展“什么样”“哪个时间段”“怎么开”“为谁开”的阅读推广提供了有利、实在的依据，使推广更有针对性、精准性、实用性。

4.3 覆盖全军、跨越时空的阅读推广服务

军事职业教育 MOOC 平台把各个军营联系在一起，建设在线学习、教育管理、信息服务、大数据分析四个分系统，构建和持续发展完善了集教、学、管、维于一体的全军军事职业教育军综网服务平台，平台全年整体可用性在 99.9%以上，为全体官兵服务。开展基于军事职业教育 MOOC 平台的军营阅读推广，也可全年、全时段为全体官兵服务。

5 基于军事职业教育 MOOC 平台的军营阅读推广策略

基于军事职业教育 MOOC 体系，转入军营视角下阅读推广，重视开展军营阅读推广工作的时间与空间、群体受众的特性，资源与技术等情景及方式等，建立阅读推广军营视角的主体因素，构建阅读推广开展的途径，推出军营文化及合乎条例政策的推广策略。

5.1 建立切合官兵阅读期望的大数据阅读推广服务机制

基于军事职业教育 MOOC 平台的扩张力与影响力，以大数据的方法，分析平台官兵的学习行为(包括学习特点、兴趣爱好、学习需求、学习时间分布、知识盲点等)；分析官兵的阅读期望，并据此制定出精准化或泛在化的阅读推广主题及切合有效的阅读推广方案；建立大数据、官兵阅读期望与阅读推广服务三者耦合关联的军营阅读推广机制。

5.2 布局军营特色阅读频道(栏目)的阅读推广路径

总结分离线上阅读推广的经验效果，基于军事职业教育 MOOC 平台本身功能架构与阅读项目的实践应用，分析军营阅读推广板块的功能需求，布局结构板块，打造特色军营阅读频道(栏目)。

5.3 推广专业阅读部落与多形态活动为主线的军营阅读服务

打造专业的阅读群体，开展多元化活动，建设军队学习教育的专业化、个性化及多形式的阅读推广服务，既满足官兵精准需求，又能丰富部队文化生活，使得军营阅读推广活动精彩层出不穷。

5.4 创新军营阅读教学实践

军营阅读推广活动能够满足广大官兵广泛涉猎、专业学习或个性化需求，更大程度地发挥阅读在军营环境中的教学效果，使官兵真正受益，为军事职业教育的成功提供强大的助力，为未来阅读活动的发展带来新的机遇与动力。

6 结束语

本文描述了目前军营阅读推广工作受到制约的现状，以军事职业教育 MOOC 平台为根基，利用图书馆丰富文献资源与专业的保障服务，打造特色的军营阅读频道，孵化精准化、个性化军营阅读群落，开辟多形态军营阅读推广之路，获取具有推广价值的阅读推广方法论，在官兵所关心的视野中，提供真正受益的阅读服务。用阅读丰富人生的阅历，营造学习的氛围，让广大官兵牢固学习意识，争做学习型人才。用阅读搭起官兵学习成才的平台，发挥阅读的教学作用，为军事职业教育的成功提供强大的助力，为部队创建学习型军营做出贡献。

参考文献

[1] 张海涛，唐诗曼，任亮，等. 基于超级 IP 的社会化阅读推广模型与路径设计[J]. 情报科学，2019，37(6)：10-15.

[2] 赵瑜璋，袁聪. 基于 5W2H 分析法的阅读推广案例分析——以六盘水师范学院图书馆为例[J]. 晋城职业技术学院学报，2019，12 (1)：18-21.

[3] 高雯雯. 高校图书馆场景化阅读推广研究[J]. 现代情报，2020，40(1)：116-122.

[4] 何建新，刘信洪. 整合营销策略视角下高校图书馆阅读推广研究[J]. 高校图书馆工作，2017，37(6)：70-73.

[5] 敖永红，王玉龙，匡罗贝，等. 提高军事职业教育 MOOC 建设质量的方法研究[J]. 工业和信息化教育，2019(12)：25-29.

浅谈军队院校图书馆阅读推广方法

——以展览类阅读推广活动为例

廖　佳　邓　莉

国防科技大学图书馆，湖南长沙，410073

摘要：近五年来，在国家战略统筹和国家立法保障双重推进下，高校图书馆阅读推广工作得到了快速发展和显著成效，军队院校图书馆亦然，丰富的活动形式，需要通过科学、实用的方法去实施。本文从方法溯源，以展览类阅读推广活动为例，通过案例分析，总结出适合军队院校图书馆阅读推广工作科学、实用、有效的方法，以期为军队院校图书馆阅读推广工作的开展提供一些可供借鉴的作用。

关键词：图书馆；阅读推广；方法；展览

1　前言

在全民阅读的文化大背景下，特别是当“全民阅读”纳入法治化轨道时，图书馆必将承担起阅读推广的使命。从目前阅读推广界一片欣欣向荣的景象可以看出，图书馆在推动全民阅读中起到了关键性的作用，阅读推广活动内容越来越丰富、形式越来越新颖，吸引的人群也越来越多。图书馆在组织开展各类型的阅读推广活动中，有运用科学、实用的方式方法取得理想的成效的，也有因为方式方法不恰当而徒劳无功的。

2 阅读推广方法概述

“方法”一词,《辞海》给出的定义是“关于解决思想、说话、行动等问题的门路、程序等”,“方法”是为达到某种目的而采取的途径、步骤、手段等。顾名思义,“阅读推广方法”是指为了解决阅读推广问题,达到阅读推广目的,扩大阅读推广效果而采取的各种途径、步骤和手段等的统称(集合体)。通俗地讲,“阅读推广方法”是指推广主体通过开展不同类型的阅读活动,采用不同的策略、措施向目标群体进行阅读推广,实现推广的目的。

阅读推广方法虽然有不少专家学者做出过研究论述,但是划分类目繁多,时至今日,在图书馆界仍然没有形成统一的定论。从已有的关于阅读推广方式、方法的研究看,具有代表性的成果有以下四家。

2.1 张怀涛的分类法

比较早且有代表性地提出阅读推广方式是中原工业学院图书馆馆长张怀涛老师,他认为“读者、读物、阅读环境是阅读推广活动的着力点,阅读推广方式说到底是由这三个维度形成的”[1]。张怀涛老师以读者为要素,根据读者特征、读者水平、读者需求、读者群集;以读物为要素,根据媒介形式、运作形式、组织形式、过程形式;以环境为要素,根据推广力度、活动周期、启动机制、效果范围,将阅读推广方法进行了详细的分类和介绍(见表1)[1]。

表1 张怀涛对图书馆阅读推广方式的划分

一级要素	二级要素	活动类型
读者	读者特征	行业型推广、学科型推广、层级型推广、年龄型推广、性别型推广、时间型推广、地域型推广
	读者水平	养成型推广、训练型推广、帮助型推广、服务型推广
	读者需求	导向型推广、导读型推广、导用型推广
	读者群集	个别型推广、群体型推广、普适型推广

续表1

一级要素	二级要素	活动类型
读物	媒介形式	人媒式推广、物媒式推广、纸媒式推广、视媒式推广、数媒式推广、多媒式推广
	运作形式	对话式推广、沙龙式推广、授课式推广、参与式推广、展示式推广、集会式推广、参观式推广、评介式推广、游戏式推广
	组织形式	直接式推广、间接式推广、联动式推广
	过程形式	正向式推广、反向式推广、多向式推广
环境	推广力度	指令性推广、倡导性推广、感染性推广、疗愈性推广
	活动周期	常态性推广、策划性推广、随机性推广
	启动机制	主动性推广、被动性推广、互动性推广
	效果范围	单项性推广、系列性推广、氛围性推广

2.2 岳修志的分类法

岳修志老师是张怀涛老师的继任者，他把图书馆阅读推广方法分为读书征文比赛、图书推介等21类(见表2)[2]。

表2 岳修志对图书馆阅读推广方法的划分

图书馆阅读推广方法		
读书征文比赛	图书推介	名家讲座
图书捐赠	读书有奖知识竞赛	图书漂流
精品图书展览	经典视频展播	读书箴言征集
名著影视欣赏	馆徽设计征集	名著名篇朗诵
品茗书香思辨赛	评选优秀读者	污损图书展览
书法作品选	书签设计	校园风景摄影比赛
读书节启动仪式	读书节闭幕仪式	读书节口号征集

2.3 张彬的分类法

华侨大学图书馆张彬老师将图书馆阅读推广方式分为仪式型和日常型、理念型和实施型等23对、46种类型(见表3)[3]。

表3 张彬对图书馆阅读推广方法的划分

图书馆阅读推广活动类型		
仪式型和日常型	理念型和实施型	政策型和法规型
财政拨款型和社会捐助型	有纸型和无纸型	低碳型和共享型
网络型和实体型	展示型和推荐型	快速阅读型和深度阅读型
儿童阅读型和成人阅读型	亲子阅读型和故事会型	班级读书会型和 图书馆读书会型
分级阅读指导型和生日书包型	文本阅读型和绘本阅读型	科普型和人文型
互动型和反馈型	有奖竞赛型和趣味型	主角型和主题型
一托多型和多托一型	汉民族语言型和 少数民族语言型	讲坛型、论坛型和沙龙型
阅读关怀型和阅读疗法实践型	阅读推广个人型 和阅读大使型	

2.4 王波的分类法

北京大学图书馆王波老师认为图书馆阅读推广活动，其方法可划分为三种：拉法阅读推广、推法阅读推广、撞法阅读推广(见表4)。拉法阅读推广方法是指图书馆"将读者需求旺盛的文献采购到馆，并通过展览等途径通知读者来馆借阅"[3]。推法阅读推广方法是指图书馆对"需求不旺的新文献、陌生文献、睡眠文献，通过阅读推广，大张旗鼓地将其广而告之，全力推进读者乃至全社会的视野，发挥文献应有的社会效益"[3]。撞法阅读推广方法是指图书馆"对于需求不明或需求混合的文献，通过物理形式或气质特征筛选出一批混合主题的图书进行推广"[3]的方法。王波老师还提出六类需要加强的阅读推广方法(见表5)。

表 4　王波对图书馆阅读推广方法的划分

阅读推广方法	适用文献类型
拉法阅读推广	有需求、大需求文献：热点文献、荐购文献、经典文献
推法阅读推广	小需求、无需求文献：新文献、陌生文献、睡眠文献
撞法阅读推广	需求不明、需求混合文献

表 5　王波提出的六类需要加强的阅读推广方法

阅读推广方法	具体操作指导(部分)
设伏法阅读推广	提前做好方案、而后不动声色、届时突然引爆
机变法阅读推广	迅速响应新闻事件而实时开展的阅读推广
本土法阅读推广	不同地方的图书馆的阅读推广应具有本地特色
关怀和援助法阅读推广	针对特殊人群开展的阅读推广
返祖法阅读推广	多媒体的传播推广
学分法阅读推广	高校将参加阅读推广活动计算学分

综上，随着阅读推广工作实践不断深入及创新的开展，阅读推广方法已逐渐在图书馆业内形成了较统一的认识，图书馆常用的阅读推广方法有：荐书导读、诵读表演、讲座授课、分享交互、竞赛游艺、征集展览等。这些常用的阅读推广方法并非适用于某个单一的分类法，它们是相互交叉而又融会贯通的，图书馆也一直在积极创新阅读推广服务方式方法，随着阅读推广内涵和外延的不断扩大，阅读推广理论与实践研究的不断深入，阅读推广方法也在不断地创新中。

3　近年来军队院校图书馆常用的阅读推广方法

军队院校图书馆作为高校图书馆系列特殊的一个群体，在阅读推广工作的开展中，既有着普通高校图书馆的共性，也有着其特殊性。为了解近年来军队院校图书馆阅读推广活动采用的方法的情况，本文通过实地调研、问卷调查、电话网络调查等途径，收集了军事科学院图书馆(见表6)、国防科技大学图书馆(见表7)和空军航空大学图书馆(见表8)三所军队院校图书馆的阅读推广活动中所运用到的推广方法方面的数据。这三所军队院校图书馆较早地有组织、成体系、持续性地在推进阅读推广工作，且在全民阅读推广方面做出了一定的社会影响力，获得了中图学会颁发的“全民阅读先进单位”称号，其阅读推广工作在军队院校图书馆中具有一定的典型性和代表性。

表6　军事科学院图书馆“世界读书日”系列活动

活动年份	活动主题	部分活动内容	阅读推广方法
2017	阅享时光，此智不愚	诵读寄语	诵读
		名家讲座	讲座
		微型图书馆展示	展览
2018	书香军营，成就梦想	阅读马拉松比赛	竞赛
		诵读寄语	诵读
		名家讲座	讲座
2019	阅读·创新·强军	重温经典书迷会	交互
		寻找最美声音诵读寄语	诵读
		名家讲座	讲座
		信息获取培训	授课
2021	书香润红山深情忆红船	红色记忆——庆祝建党百年党史专题文献展	展览
		诵读寄语	诵读
		“最强大脑·速读速写 PK 赛”	竞赛
2022	学习奋斗强军	“军事科学院调整组建5周年著作展”	展览
		诵读寄语	诵读
		爱心图书漂流	交互
2023	阅读助强军书香润科研	军地名家文化沙龙	交互
		“文化惠军”图书展销	展览
		兵书展厅开放日活动	展览

表 7　国防科技大学图书馆“文献资源宣传周”系列活动

活动年份	活动主题	部分活动内容	阅读推广方法
2017	馨香阅读，悦享人生	红色经典图书展	展览
		“读书知识”有奖问答	竞赛
		数据库应用讲座	讲座
		书脸摄影活动	分享
		“一校一书”征文	征集
2018	笃学相为伴，光影添书香	科研表现展	展览
		蕙风讲坛	讲座
		海报创意活动设计大赛	竞赛
2019	泛舟书海，逐梦强军	豆瓣 2018 年榜单主题书展	展览
		蕙风讲坛	讲座
		读书分享会	分享
		“一校一书”征文	竞赛
2020	青春热血书抗疫，不负韶华砺初心	文艺作品征集展	征集展览
		“一校一书”征文	征集
2021	传承红色基因，献礼百年华诞	“腹有诗书配吴钩”——豆瓣 2020 年榜单主题书展	展览
		“燃·五四青春之火　奏·建党百年华章”——红色经典诵读大赛	诵读
		“银幕之外”影视分享会	分享交互
2022	忠诚维护核心书香共话使命	“寻找春天”原创诗歌征集大赛	征集
		“世界读书日”主题读书会	分享交互
		“溯游五四，扬帆银河”主题展览	展览
2023	阅享新时代，奋进新征程	“弦歌七秩　书声琅琅”有声读物展	征集展览
		书海拾贝，盲盒有礼	游艺
		“最美人间四月天”，户外读书会	分享交互

表 8　空军航空大学“读书节”活动

活动年份	活动主题	部分活动内容	阅读推广方法
2017	沐浴书海 香溢航大	好书推介活动	荐书导读
		“好书共读”分享活动	交互
		人文经典诵读活动	诵读
2018	新时代 新阅读 新服务	“四十年，四十人，四十书”纪念改革开放四十周年读书交流会	交互
		“悦”读人生——人文经典诵读	诵读
		真人图书馆	讲座
2019	奋飞七十年， 揽阅界无疆	我为喜爱的图书代言——读书分享会	交互
		真人图书馆	讲座
		“闪光航迹决胜空天”知识竞赛	竞赛
		诵读经典传承文化	诵读
2023	世界读书日， 感受浓浓书香	读书漂流	交互
		“强军有我”主题读书活动	分享

本文总结了近 7 年的一些数据，从统计数据看 2020—2022 年度线下阅读推广活动虽受到了一些影响，但这三所军队院校图书馆都在固定的时段围绕不同的主题，组织开展了类型丰富的阅读推广活动，运用了大量不同的阅读推广方法来激发军事院校学员的阅读兴趣，提升军队院校学员的阅读能力。

4　军队院校图书馆展览类阅读推广活动的组织方法

军队院校图书馆在组织开展阅读推广活动中形式多样，运用的推广方法也是多种多样的，本文将通过展览这一推广方法，谈谈军队院校图书馆如何组织阅读活动。

展览，是指在一系列时代、地域或内容上具有相关性的藏品中提炼出主题，然后根据这个主题对它们进行符合认识论与审美要求的有机组合，构成一个能反映自然生活或社会生活某些事实、现象和规律的形象体系[4]。图书馆展览具有显著的公益性、思想性、知识性、艺术性等特点，是图书馆面向读者开展的以宣传及教育为主要目的的服务[5]。展览也是图书馆开展阅读推广活动的重要手段和方法，能有效提升图书馆知识传播的效率及效果。图书馆常见的展览方式有：特藏文献展览、各类型图书展、摄影作品征集展览、书画作品征集展览等。展览类的活动能吸引读者到馆，通过展览的文化浸润，提升读者的军事、科学和人文素养，有助于活跃校园文化氛围，特别适合军队院校图书馆采用。

4.1 展览类阅读推广活动展现内容的筛选

(1)挖掘馆藏资源，传递特色文化价值理念。

军队院校图书馆的馆藏资源中并不缺特色的文献，各图书馆根据学校学科专业和军兵种特色采购和收藏的特色资源无疑是非常丰富的，军事、军兵种文化的独特性决定了展览主题内容的特色性，充分发掘和梳理本馆的特色文献资源，将特色馆藏作为文化符号注入图书馆展览中，体现军事特色文化的价值理念，通过展览来实现特色资源和军事、军兵种文化的传承与保护、传播和发展，这是军事院校图书馆开展展览类活动的核心要素。

以国防科技大学图书馆“钱学森与国防科技大学专题文献厅”为例。“钱学森与国防科技大学专题文献厅”是图书馆通过广泛搜集、深入整理与钱学森相关的文献资源，精心策划设计的一个专题文献展厅，展厅展示了钱学森与国防科技大学相关图书、照片、书信、报纸、音像资料等。通过展厅展示，学员能清晰地了解到钱学森在国防科技大学不同发展阶段为学校的组建和发展规划、确立学科专业设置原则及发展方向、人才培养和科学研究等方面作出贡献的文献信息。这个展厅是读者了解钱学森与国防科技大学历史沿革的重要窗口。

(2)引入特色展陈，实现展览资源共建共享。

展览本身是非常注重时效性的，单一来源的展示资源会让读者产生审美疲劳，我们需要根据时事热点、地方特色等因时、因地制宜，引入特色展陈活动，使展览类的阅读推广活动保持一定的新鲜度和吸引力。例如，为庆祝中国共产党建党 100 周年，国防科技大学图书馆引入韶山毛泽东同志纪念馆“中国出了个毛泽东”专题图片作为展陈内容。“中国出了个毛泽东”是韶山毛泽东同志纪念馆基本陈列，曾被评为“2014 年全国十大精品陈列”，曾在新加坡、俄罗斯等国外多地和香港、澳门、成都等国内多地进行巡展，引发强烈反响。这一特色展陈的引入，不但充分发挥驻地红色资源优势，也实现了军地文化资源共建共享。

4.2 展览类阅读推广活动展陈空间的布局

展览活动对空间布局有着特殊的要求，图书馆在布置展览时，应运用空间规划、平面布置、展架陈列、色彩配置等手段，营造出跟展览主题相契合的富有感染力的展示环境。抓人眼球的展示空间，能迅速吸引到学员的注意力，激发他们参与观展的兴趣。例如，首都图书馆的“原创十年 · 绘本原画展”将展墙设计成书的外观，采用大面积整体喷绘、立体式粘贴的手法还原绘本里的经典元素，并利用大量实物装饰来烘托整个展览的场景氛围。[6]绘本《妖怪山》展示区，运用了大量的树藤做装饰，巧妙地运用了绘本的元素，使得读者身处展厅仿佛身临其境，更容易与作品产生共鸣。

4.3 展览类阅读推广活动展示手段的创新

(1)加入智能设备，增加互动性和提升体验感。

随着信息技术的高速发展，智能设备在现代展览中凸显的作用越来越明显，展览的形态“实现了从‘静’到‘动’、从平面到三维、从文字图片展示到声光电一体化的深刻变革”。[7]军队院校图书馆的展览可以根据展览的内容，以“体验+展览”“游戏+展览”“表演+展览”“多媒体+展览”“智能穿戴+展览”等展示手段，提升学员的参与感和体验感，激发他们的思维、创作的主观能动性。

国防科技大学图书馆举办的 3D 打印作品征集展，采取“体验+展览”的形式，不仅将征集到的学员的3D打印作品进行陈列展示，还在现场摆放了3D打印机及材料，参观的学员在老师的指导下可以进行体验，极大地激发了学员创作的兴趣，不少学员主动地学习起3D打印的知识。这场展览完美地诠释展览教育功能的实现，学员在“体验、参与展览中实现欣赏、发现和思考的双向学习模式”[7]。

(2)线上虚拟展览，拓宽展馆边界。

随着网络、智能设备、多媒体技术的成熟，线上虚拟展览已经成为开发展览资源、扩大读者受众、增加传播和影响力的重要渠道。线上虚拟展览突破了时空的限制，观展者能自由舒心主动地接受相关信息。图书馆还能在线上开展活动以丰富和满足读者们的需求，例如，国防科技大学图书馆曾联合云冈石窟研究院等机构发起“穿越千年的凝眸——云冈石窟艺术线上展”的展览活动，读者们可通过识别微信二维码，观看云冈石窟全景。这种使文化遗产从现场延伸到了线上，让历经千年的石窟艺术走上“云端”的线上展览方式，是一次非常有特色的观展体验。

5 小结

阅读推广活动需要在延续经典的基础上，不断推陈出新，也需要总结科学、实用、有效的方法，让阅读推广成为有机的生长体，吸引读者不断参与，保持读者黏度与归属感，让读者在阅读活动的感染下由受众成为阅读推广活动的主体。

参考文献

[1] 张怀涛. 阅读推广方式的维度观察[J]. 大学图书馆学报，2015(6)：59-65.

[2] 岳修志. 基于问卷调查的高校阅读推广活动评价[J]. 大学图书馆学报，2012(5)：101-106.

[3] 王波. 图书馆阅读推广的定义、类型、方法——在“图书馆推广理论与实践”专题研

讨会上的演讲[J].上海高校图书情报工作研究，2017(1)：6-19.

[4] 卢炘.中国美术馆学概论[M].上海：上海书画出版社，2006：136.

[5] 王世伟.图书馆展览服务初探[J].图书馆杂志，2006，25(10)：22-26.

[6] 朱亮.图书馆展览策划的问题、经验及对策研究[J].图书馆研究与工作，2019(10)：74-78.

[7] 王峥.国外图书馆展览服务研究与实践及借鉴[J].图书馆情报工作，2020(1)：139-148.

高校图书馆智慧阅读空间建设与服务效能策略

申倩倩　姚晓敏

国防科技大学图书馆，湖南长沙，410073

摘要：随着高校智慧图书馆建设的深入推进，智慧图书馆空间已成为研究的热点。本文分析了高校图书馆智慧空间建设与服务效能的概念与现状，对高校图书馆智慧阅读空间建设内容和影响因素、提升高校图书馆智慧阅读空间服务效能的策略进行深度探索，为高校图书馆智慧阅读空间的建设与服务效能的提升提供了新思路。

关键词：高校图书馆；智慧阅读空间；服务效能；策略

1　引言

高校图书馆作为大学的核心机构之一，不仅承担了为教学科研提供文献信息资源的功能，还是一个重要的阅读场所。阅读对促进大学生的综合素质提高起到非常重要的作用，图书馆作为一个阅读场所的本质是传承不变的，但是具体的空间形态和功能等方面却在不断地发展演变。随着智慧图书馆建设热潮的兴起，智慧阅读空间建设开始吸引了业界关注。

本文系湖南省中青年人才库课题“红色阅读空间与红色阅读推广研究”（项目编号 XHYB1047）研究成果之一。

2 高校智慧阅读空间建设的概念与现状

高校图书馆智慧空间的概念可以理解为高校图书馆智能空间(smart library; smart space)，它是一种线下学习、合作、人机交互协作的物理与虚拟空间相结合的复杂空间系统，将计算智能分布和嵌入环境以满足高校图书馆智慧空间的各种特定需求。

2016 年，河南省许昌市打造了集 24 小时自助图书借还系统、自助办证系统、无线网络覆盖于一体的一站式文化服务空间(智慧阅读空间)，这是业界首次出现“智慧阅读空间”的概念。高校图书馆智慧阅读空间建设不同于公共图书馆，高校图书馆智慧阅读空间侧重于阅读服务的体验，旨在为高校读者打造人、资源、空间三要素互融的现代化阅读空间，从而挖掘高校图书馆的高品质服务价值。国内许多一流高校图书馆对智慧阅读空间的关注度和研究不断加强，例如中国人民大学图书馆、暨南大学图书馆等大学图书馆开始创建新媒体智慧空间，通过技术革新为高校师生带来更高效的读者服务。随着越来越多的智慧阅读空间的建设，各单位对建设的投入与产出比也有了更高的要求，因此对智慧阅读空间的服务效能进行深入研究就显得尤为必要。

目前国内学者对高校图书馆智慧空间的研究日益增多，服务效能的研究热度也随之上升。对于高校图书馆智慧阅读空间与服务效能的研究，不同的学者对此论题有不同角度的看法。单轸、邵波认为图书馆智慧空间是以用户体验为中心的空间多维自优化系统[1]。邱冠华认为，决定公共图书馆服务效能高低主要是投入的资源以及管理与服务能力、用户利用成效，以及它们之间的关系[2]。丁冬、张长秀认为，构建高校图书馆服务效能评价指标体系的作用正在于衡量服务工作的得失，及时反映用户需求的变化，顺应自身发展规律，促进大学的发展[3]。综上所述，学者对智慧空间的用户体验、图书馆服务效能的影响因素、图书馆的服务效能评价指标等进行了阐述，这些观点颇有启发性。他们的观点为本研究提供了几点启示：①图书馆智慧空间是一种集成的多元化空间系统。②图书馆的服务效能的影响因素是投入的资源与管理形成服务能力。③高校图书馆的服务能效评价体系能促进大学的发展。

国外对高校智慧阅读空间和图书馆效能的相关研究大多体现在阅读空间环境影响、智能空间建设和服务效率方面。美国学者 Zhonghong Wang 认为，高校图书馆智能空间改造项目成功的关键在于创造力、灵活性、开放性和对细节的关注[4]。James M. Donovan 通过实验证实了读者在图书丰富的空间环境中完成的阅读理解能力会增强[5]。英国学者 Christopher J. Hammond 认为，由于长期受到预算限制，图书馆大多数服务都受到影响，如果要提高服务效率，就需要对服务进行业务重组[6]。国外学者的观点运用不同角度阐述了图书馆空间改造和服务效能，归纳起来主要集中在两方面：①空间改造关键在于创新与细节，丰富空间所藏图书有助于提高阅读效率。②提高图书馆服务效率需要对相关服务进行业务重组。

3 高校图书馆智慧阅读空间建设

3.1 空间赋能设计

高校图书馆智慧阅读空间是集智能化、数字化、休闲化于一体的智慧阅读体验空间，应以“智慧+共享学习”为核心，为读者提供舒适、开放、无障碍的阅读服务。在整个空间建构中，应秉持以学习者为中心的原则，满足其多元化需求是空间重构的核心。因此，高校智慧图书馆的空间重构首先需要面对的一个关键词是：多元化。未来的发展中，读者有不同的学习情境需求，图书馆应设置多种多样的阅读活动，贯穿平面阅读、数字阅读、动态阅读、立体阅读等多种阅读形态。通过多元化的阅读方式，为读者打造新一代智慧空间环境。将智慧图书馆的阅读空间进行空间重构，可以有效实现技术支撑下空间的延展，各空间维度融合创新，重建读者阅读大格局，重现校园智慧图书馆新形态。高校智慧图书馆整体方案设计可源于多种学习方式并存，重新构建阅读空间使之赋能。也可将高校档案馆、校史馆等空间格局融合，打造情景化的学习空间新典范，将图书馆资源与校本资源深度融合，通过图书馆信息智慧化建设提升学校图书馆泛在化服务。

3.2 智慧阅读空间功能设计和划分的影响因素

智慧阅读空间在功能设计和区域划分上需要考虑以下三个方面：科学布局、可持续发展性、文化创新性。

(1)科学合理的图书馆空间布局，是一个动态的、根据用户需求不断改进完善的变化过程。图书馆智慧阅读空间区域划分要合理，整体空间根据便捷使用、轻松阅读的原则划分智能阅读平台设备区、读者阅览区、自助借阅、复印等区域。此外，图书馆还需要根据在校生人数、专业(工、理、文、文体类等)、类别(本科、研究生等)，以及教育部对图书馆的要求(生均座位数、生均图书数量)等方面考虑空间布局的科学性。

(2)智能化和可持续发展理念是现代图书馆智慧阅读空间的发展方向。当前图书馆的集成系统包含计算机通信系统、读者自动借还服务、OA 办公、安防等整体一体化流程。在系统设计和布局上，尤其是信息化接口的密度和位置的设置，以及馆内数据库承载的能力，都是智慧阅读空间规划的重要参考指标。

(3)注重营造以校园文化、校风为主的文化氛围与环境氛围，发挥智慧空间文化创新性。华东师范大学开启了两家智慧研创空间“知先堂”和“召文斋”。“知先堂”借鉴“江南园林”造景文化概念打造了 8 米高的瀑布书墙，代表华东师范大学的文脉延绵鲜明特色，也让师生感知中国传统文人的生活方式。“召文斋”则配备智能化学习设备与服务设施，打造为师生、团队信息素养创作以及满足实践项目需求的智慧空间[7]。传统文化与现代智慧空间科技深度融合，体现科技赋予传统文化特性和创造力的显著趋势。

3.3 智慧阅读空间建设内容

在信息技术高速发展背景下，高校图书馆的馆藏载体、读者的阅读方式、读者的学习方式这三方面发生了深刻的变化。从内容看，智慧空间的建设主要由两大方面组成，一方面是智慧实体空间的建设，另一方面是智慧运营建设。智慧运营中涉及的基础设施、基础网络等包含在智慧实体空间建设内容中。智慧阅读空间主要通过智能安防、智能通信、机房建设、网络建设的多维度智能化系统，提升智慧空间系统动态感知、智能研判全局的处理能力，满足可持续发展并提高阅读空间的价值。空间建设内容主要体现为：①图书智能分拣、盘点系统。可通过 RFID 读写装置自动清点，实时更新图书坐标位置，图书在架位置情况实时出现。②馆内自助系统。包括自助借还一体机、图书馆多媒体终端机、自助打复印一体机、一体化电子阅读设备等。③智能管理系统。智能管理系统主要是指综合能耗管理系统、图书安全防盗系统、智能门禁系统。例如，图书馆的建筑主体为达到环保、节能的标准，可在图书馆内部多处(出入口处、灯具等)安装传感器，以便实时感知图书馆整体内部环境温度、湿度等环境因素，通过自动控制，既能实现节能环保，又能保证读者舒适体验感。

4 提升高校图书馆智慧阅读空间服务效能的策略

4.1 开设 24 小时智慧阅读空间延伸服务

24 小时自助图书馆的启用，是高校图书馆推进全民阅读活动的有效载体和创新举措，实现了阅读推广服务延伸。目前，24 小时智慧阅读空间从技术、经济、操作层面都具备可行性。智慧图书馆开展 24 小时自助服务主要依靠 RFID 技术、人脸识别、智能安防、消防报警联动等技术，只需把成熟技术进行优化整合就可开发出一套先进的智慧管理系统。浙江大学图书馆、北京航空航天大学图书馆、上海大学图书馆、福建师范大学等高校图书馆开设了 24 小时智慧阅读空间，提供自习暖心服务供广大学生“刷夜”学习，这是目前高校图书馆发展的一个热点和新方向，也是图书馆服务扩展和延伸的需要。实现智能化管理的新渠道，不仅提高了广大师生使用资源的便利度和学习时长，提升了服务效能，还提高师生对图书馆服务的满意度，深化了图书馆服务多样化的举措。

4.2 信息科技助力提升图书馆服务效能

图书馆智慧阅读空间必须强调自动化集成管理系统支撑图书馆的业务拓展和科技的应用。通过搭建无线局域网络、传感网络和移动通信网络，图书馆实现智慧阅读空间的多网融合立体型基础网络架构，保证阅读空间泛在互联。大数据综合大屏分析系统提供包含借阅排行榜、搜索词云、空间使用率、到馆门禁数据统计、阅读走势等数据统计，并以数据可视化的方式呈现出来，能有效提高图书馆的服务效率。

通过配置现代化的阅读设施与丰富的智慧化体验渠道，智慧阅读空间可以多样化地展现文献资源，从而吸引读者阅读。例如，通过电子阅读器自助借还一体化设备，读者可以在线上书城试读并下载到本地离线阅读；24 小时自助服务型智慧文化瀑布流电子借阅系统产品，内容涵盖在线图书、视频、音频、各类专题、党建资源，以时下最流行的二维码为媒介，能够提高借阅频次。成都理工大学图书馆的智能机器人“成小理”能够通过导航定位、语音识别等，为读者提供“智慧咨询馆员”服务。

4.3 升级运营管理能力及工作流程

智慧图书馆时代，图书馆需随着信息技术的发展不断满足读者的需求，提升运营管理能力，改进工作流程，以提升智慧阅读空间服务效能。在数据管理方面，大数据综合大屏分析系统能够有效将图书馆的服务工作内容以及服务效能以数据的方式，画面形式展示到读者面前，不仅能帮助图书馆管理者进行快速决策，还能实时接受读者监督。南京大学图书馆发布的 NLSP3.0 系统，其核心功能之一在于对图书馆工作流程再造，将一切资源作为管理对象，打造全资源管理，构建智慧图书馆的支撑服务；其核心功能之二就是服务的智慧化，系统以“为读者提供智慧化服务”和“为馆员提供智慧化管理”为目标，构建了面向馆员和读者的移动端，将基于微服务架构运行的微应用，按照使用场景、使用角色的不同进行了划分和整合，馆员端重点突出业务管理与数据分析，读者端则重点突出知识服务、阅读推广与信息素养的提升。

4.4 完善智慧馆员核心素质与管理能力

从本质上说，当前图书馆知识文化传承的功能并没有变化。相较于传统图书馆形态，改变的只是外在服务方式。智慧图书馆的建设涉及非常复杂的问题，比如政策规划、技术应用、业务重组、服务能力等。首先，最核心的问题是高校图书馆员的能力问题。通过掌握智能机器设备的使用方法，图书馆员能更高效地获取用户需求，提供更有指导性和人文关怀的服务；通过利用信息技术有效感知或预测用户需求，能够建立个性化的用户画像，从而高效提供智慧服务。其次，智慧馆员需要强化创新能力，主要包括服务模式创新、新兴技术创新运用等。最后，智慧馆员还需强化本职岗位专业核心竞争能力，提升图书情报专业能力、资源管理能力、应用技术能力等，构建专业核心素质和高效管理能力[8]。

参考文献

[1] 单轸，邵波. 图书馆智慧空间：内涵、要素、价值[J]. 图书馆学研究，2018(11)：2-8.

[2] 邱冠华. 公共图书馆提升服务效能的途径[J]. 中国图书馆学报，2015(7)：14-24.

[3] 丁冬，张长秀. 高校图书馆服务效能评价指标体系框架初探[J]. 图书馆工作与研究，2018(10)：58-63.

[4] Wang Z H. Smart spaces：Creating new instructional space with smart classroom technology[J]. New Library World，2008(3)：150-165.

[5] Donovan J M. Keep the books on the shelves：Library space as intrinsic facilitator of the reading experience[J]. The Journal of Academic Librarianship，2020(3)：620.

[6] Hammond C J. Efficiency in the provision of public services：a data envelopment analysis of UK public library systems[J]. Applied Economics，2002 (5)：649-657.

[7] 华东师大为学生连开两家 24 小时阅读研创空间[EB/OL]. [2023-06-08]. https://baijiahao.baidu.com/s? id=1652595714064722936&wfr=spider&for=pc.
[8] 初景利，张国端. 面向智慧图书馆的馆员能力建设[J]. 图书馆理论与实践，2022(3)：13-18.

军校图书馆短视频阅读推广策略研究

陈　文

国防科技大学图书馆，湖南长沙，410073

摘要：随着短视频平台的异军突起，短视频逐步成为融媒体时代引领全民阅读的中坚力量。图书馆作为军校阅读推广的主阵地，更需要借助短视频的力量激发军校学员的阅读兴趣。本文从军校图书馆利用短视频开展阅读推广的现状与问题，对今后军校图书馆如何利用短视频进行阅读推广提出建议。

关键词：图书馆；短视频；阅读推广

1　引言

2023 年 4 月 23 日，在第二届全民阅读大会上，中国新闻出版研究院发布第二十次全国国民阅读调查结果，数据显示：2022 年我国成年国民各媒介综合阅读率持续稳定增长，数字化阅读方式（网络在线阅读、手机阅读、电子阅读器阅读、Pad 阅读等）的接触率为 80.1%，较 2021 年增长了 0.5 个百分点[1]。

近年来，随着数字科技的迅猛发展，短视频平台以其庞大的用户量，逐渐成为各行各业提升服务水平的新渠道，也逐步培养着用户更多维、碎片化、即时性的阅读习惯。短视频以新媒体为传播渠道，时长一般不超过 5 分钟[2]。2022 年 8 月 31 日，中国互联网络信息中心在京发布第 50 次《中国互联网络发展状况统计报告》，报告显示，截至 2022 年 6 月，短视频用户规模增长达 9.62 亿人[3]。目前短视频平台主要包括抖音、快手、腾讯微视、西瓜视频、bilibili、全民小视频等平台。其中，截至 2021 年底，抖音短视频平台国内日活跃用户数已经突破 6 亿人[4]。由此可见，短视频平台具有广泛的受众群体和庞大的流量，无疑是新媒体时代激发读者阅读兴趣、引领读者阅读风尚、培养读者阅读习惯的“一把好手”。

在 CNKI（中国知网）数据库中以“高校图书馆+短视频”“阅读推广+短视频”“军校图书馆+短视频”等为关键词，进行主题检索，以了解国内研究现状。

经文献调研，从 2015 年开始，截至 2023 年 5 月 24 日，“高校图书馆+短视频”研究论文共 177 篇，论文篇数逐年增长。“阅读推广+短视频”研究论文共 242 篇，“军校图书馆+短视频”则未有发表论文及相关研究。

面对短视频风口，图书馆界围绕高校图书馆如何利用短视频进行阅读推广的模式及策略开展了相关探究。隋红岩认为应针对大学生群体碎片化阅读习惯，策划制作“导读短视频”，推动受众向深度阅读转化[5]；龚雪竹对高校图书馆分别在三个短视频平台的运营体系和营销策略进行了分析，得出了短视频营销理念有助于图书馆创新转型的结论[6]；吕冰玉提出了高校图书馆应该从辨识需求、多元传播、强化体验等方面着手利用短视频开展阅读推广的实践策略[7]；王子柱、曹雅婷提出，高校图书馆基于短视频的阅读推广路径拓展应提高内容针对性、充实视频内容、建立长效的互动评价体系等策略[8]；安娜用六何分析法对高校图书馆利用短视频开展阅读推广的原因、定位、环境等进行了分析，并提出了相应的提升策略[2]。

综上所述，这些研究的对象主要在各地方高校图书馆，探讨的实践策略主要集中在提升路径、推广方式、用户体验等方面，未能针对对于军校图书馆来说，利用短视频开展阅读推广有何实际困难，该如何结合军校图书馆的具体情况用好短视频等方面进行探讨。

军校图书馆作为学校“文化客厅”，是文化传播与阅读推广的主阵地，利用短视频平台进行阅读推广，能突破传统阅读推广模式受众面窄、形式单调单一、内容曲高和寡等限制，用更新颖、更多元、更贴热点、更接地气的方式构建起图书馆与读者的桥梁，将军校图书馆优质资源和服务推介给读者。同时，军校图书馆短视频窗口也承担着宣传强军思想、展现强军风貌、树立军队形象的重担，应运营好短视频平台，积极开展军事文化宣传。

2 军校图书馆利用短视频进行阅读推广的优势与限制

军队院校承担着培养高素质、专业化新型军事人才的神圣使命，图书馆作为军校知识中心与文化中心，更应该担负起做好阅读推广工作、培养军校学员良好阅读习惯的重任。但军队院校图书馆阅读推广工作起步晚，受到的限制多，大部分军校和国防高校仍依靠线下等传统方式进行推广活动，没有充分利用短视频形式开展阅读推广活动。在抖音平台搜索各军队院校图书馆，均没有开通相关短视频账号，有关“图书馆”的内容不多，获赞数不多。军校图书馆想要利用短视频进行阅读推广，既有天然的传播优势，又有其军队性质的自身限制。

2.1 受众范围广、创作群体多

从2022年1月5日发布的《2021年抖音知识数据报告》中可以看出，“双一流”高校抖音入驻率达到了92%，2021年各高校运用抖音进行直播14463场次[9]。由此可见，短视频在各大高校师生中利用率和关注度较高，越来越多的师生倾向于在各种短视频平台上学习。军队院校近年来也陆续开通短视频账号，如“国防科技大学”“火大青春”等，利用短视频进行宣传推广，在师生中传播速度更快，传播范围更广。军队院校抖音平台入驻情况见表1所示。

表 1　军队院校抖音平台入驻情况(粉丝数在 10 万人以上)

学校	粉丝数/万人	获赞数/万次
国防科技大学	523.9	7530.4
武警特种警察学院	106.8	1027.3
武警工程大学	31.2	438.2
空军工程大学	24.8	281.8
火箭军工程大学	20.9	255.2
陆军工程大学	15.5	182.7
空军军医大学	16.4	156.7
战略支援部队信息工程大学	10.2	61.2

短视频制作简单，利用手机即可实现全流程实时创作，创作门槛低，能发动师生员工全员参与创作，易发动创作群体对图书馆各类优质纸本资源和数字资源进行推广。传统的图书资源推广模式中，在推送纸本资源时，常以线下主题书展的形式推荐纸本资源，场所固定，宣传面受限，读者辐射面往往无法覆盖全校师生。线上内容传播广泛，受众多，必然对线下阅读推广活动起到很好的宣传作用。线上线下同步推荐，能将信息传播更广，使活动更加广为人知。

2.2　形式更能创新、内容更易接受

军校阅读推广工作不仅要推介优质资源与服务，也要营造书香军营的氛围，宣传推广强军文化。相对于传统阅读推广形式，短视频与文字和图片相比更具画面感，更加契合军校年轻学员的碎片化时间和碎片化阅读习惯，其内容更加具有趣味性，呈现方式也更多样性，能够更好地吸引读者，激发他们的阅读兴趣，从而进一步扩大阅读推广的影响力。人民文学出版社官方抖音号拥有 70.7 万名粉丝，其短视频往往选取一个话题，以线下采访、图片集锦等形式推介、解析书籍，形式活泼、内容集中，宣传效果相对较好；国家图书馆官方抖音号开设了“国图公开课”，通过不同专家学者、图书馆员推荐

图书，收获了一众好评；小红书文化博主“小嘉啊”粉丝数量 198.4 万人，获赞 2821 万次，该文化博主推荐书籍和影音的短视频最高获赞达到了 43 万次。

2.3 保密工作复杂，风格把握困难

军校图书馆与地方图书馆和地方高校图书馆不同，其生产的视频内容须经过严格的保密审查程序，才能通过互联网平台发布。从目前各军队、各军校图书馆入驻短视频平台的情况来看，保密是运营军校短视频平台需要重点注意的工作。短视频内容更新快，受众关注点和热点内容转换快，而军校图书馆因为保密工作复杂，审核流程较长，可能导致精心策划的热点内容成为明日黄花。

除了视频内容生产以外，保密工作复杂、知识化倾向和娱乐化倾向的度难以把控两点，是现阶段军校图书馆开通短视频账号需要克服的困难。

3 军校图书馆利用短视频开展阅读推广活动策略

3.1 树立品牌，打造精品短视频

(1)找准定位，确定“强军文化馆设”。

对于短视频账号来说，定位越精准，领域越垂直，目标粉丝就会越明确，传播效果也会更好[10]。短视频账号的方向确定后，以哪种风格呈现视频作品，能够决定账号是否具备影响力。军校图书馆要利用短视频来进行阅读推广，更要找准定位，明确“馆设”。相比地方高校图书馆，军校图书馆短视频的定位应该更明确，既要营造良好的阅读环境，又要注重积极、健康、向上、阳刚的强军文化[11]，把符合军校青年人才发展的军事文化以丰富和深刻的形式呈现。因此，“馆设”的定位必须独特且精确，军校图书馆应以强军文化为阵地，繁荣发展强军文化，传承弘扬传统文化，确定好此基调后，所有视频需在符合这个基调的基础上创新创造。

(2)紧跟热点，挖掘提炼军校特色。

近年来，“推书”“说书”等短视频不断兴起，但在众多博主的此类视频中，点击量佼佼者为数不多。在内容“泛娱乐化”的融媒体时代，短视频内容依旧是决定其传播范围和传播效果的关键。军校图书馆要利用短视频进行阅读推广，首先要有不同于现有文化信息的新见解，要立足于军校特点，挖掘、提炼有军队特色的短视频内容。如从军校学员或军校教员的角度赏析春节档热门电影中的诗词《满江红》，在契合热点的同时，用不一样的角度深刻揭示话题的文化价值。其次要有好的选题，除了贴时事、找热点外，还可以从线下阅读推广活动的过程中寻找能够传播的“点”，活动中那些能够引起大家共鸣的事情，就是短视频中能够“抓人”的好素材。制作好既有意思又有意义的短视频内容，把握好深刻和趣味的度，军校图书馆的阅读推广内容也能拥有更多受众。

(3)打造一批“军校文化博主”。

“军校文化博主”相当于军校的阅读推广人，熟悉资源推广、文化内容解读等领域，承担了军校图书馆阅读推广“代言人”的责任。打造一批有特点，能受大众喜爱的军校文化博主，是利用短视频进行阅读推广容易产生“爆款”的途径之一。从国防科技大学官方抖音号的获赞量来看，除开“心动的信号”系列反转短视频获赞量多外，几位优秀学员的“老面孔”出镜也颇受大众欢迎。近年来，抖音账户以“意公子”为代表、小红书账户以“小嘉啊”为代表的文化博主以短视频优质的解读、精良的制作成功“出圈”，且粉丝黏性强，群体稳定。军校图书馆可借鉴其成功经验，打造一批军校文化博主，由他们来推荐优质图书文献资源，展示军校青年人才风貌。

3.2 敢于创新，探索多元化模式

(1)形式活泼，吸引读者。

有了优质内容，必须有创新的形式才能更好地将内容表达出来。表达的创新有很多种方式，既可以是吸引人的标题及封面，又可以是叙事模式的创

新。在各类短视频平台中，诠释主流文化和亚文化的内容比比皆是，无论是传统文化、高等教育，还是娱乐、体育等各个领域的内容，都可以通过不同的形式、方法表达出来，让主流文化在各个年龄阶段的受众中得到广泛的传播[12]。

以浙江图书馆官方抖音号为例，他们用幽默风趣的段子演绎历史典故、讲述人物故事、呈现传统文化，通过这样活泼且“接地气”的方式将知识点“平民化”，以此进行文化传播和阅读推广，收获了不错的点击量，传播范围也比以往传统的阅读推广方式更加广泛。人民文学出版社官方抖音号定期用不同话题来采访“主编大人”，由主编推广图书的短视频收效也较好。

(2)积极互动，贴近读者。

社会学家兰德尔·柯林斯的互动仪式链理论认为，情感能量是人类交流互动的核心要素，人们参与传播的动机实质上应归结于“情感能量的理性选择”[13]。利用短视频平台，用户能够根据自己的需求，在评论区表达观点、发出声音，交流互动，获得个人情感能量的满足及群体的满足感。

军校图书馆应利用好短视频平台“人人都有麦克风”的特点，通过与读者的线上交流，了解读者所需，生产深耕读者真正需要或者想看的短视频内容，从而使读者从体验者、旁观者成为忠实粉丝甚至内容的生产者。第一是通过短视频平台的评论区与读者进行交流互动，为读者提供线上交流、分享心得的平台，利用好短视频答疑解惑，将读者使用图书馆的疑惑和困难一一解答；第二是抓住短视频门槛低等特点，促使读者转换身份，从最初的 PGC 模式发展为 UGC 模式；第三是做好每一次线下阅读推广活动的交互，深化短视频产生的阅读体验，利用短视频线上吸引读者后，转为线下更深层次的读者交流会、真人图书馆、推书荐书会等阅读推广活动。

3.3 把握好度，谨防“泛娱乐化”

短视频的迅速崛起，带来了传播方式上的风暴，也引发了良莠不齐、泛娱乐化的现象[14]。短视频有着短、平、快的特点，虽然在阅读习惯上迎合了人们碎片化的信息获取需求，但由于时间较短，短视频在情感表达上不够充分深入，在内容解析上不够深刻翔实，传播效果有限[15]。面对短视频“符号化”“空心化”“碎片化”趋势，军校图书馆要利用好短视频树立形象、推介资源、弘扬文化，就必须警惕内容“泛娱乐化”。军校图书馆既要避免将生硬的、学术化的内容“灌输式”呈现，又要将正面的、积极的社会主义核心价值观融入短视频宣传内容，积极制作内容丰富、形式新颖的正能量短视频，用优秀的作品传播文化。在内容把关上掌握好“度”，将知识化、趣味化结合，将有内涵、有人情味、能感染人的内容有效呈现，避免“低级红、高级黑”和毫无意义的庸俗内容出现在军校图书馆的短视频内容中。

4 结语

军校图书馆利用短视频平台开展阅读推广是新媒体时代新的尝试。目前，地方高校与地方图书馆都已在探索短视频与阅读推广、文化传播的融合，但各大军校图书馆都暂未开启短视频平台探索之路，因此本文只基于地方图书馆与高校图书馆开设的短视频账号展开了内容分析。军校图书馆利用短视频开展阅读推广亟须更多实践与探索，应立足于强军文化与传统文化，依托军校创作者，提炼挖掘出具有军校特色的文化内容与文化服务，以更贴近军校学员话语方式的表达，制作一批符合军校图书馆定位的优质短视频，助力军校阅读推广、文化发展与人才培养。

参考文献

[1] 2022年度中国数字阅读报告[EB/OL].[2023-08-10]. http://www.ce.cn/xwzx/gnsz/gdxw/202304/25/t20230425_38518236.shtml.

[2] 安娜.基于六何分析法的短视频App在高校图书馆阅读推广中的应用策略研究[J].图书馆，2022(6)：72-78.

[3] 第50次《中国互联网络发展状况统计报告》[EB/OL].[2023-08-10]. http://www.gov.cn/xinwen/2022-09/01/content_5707695.htm.

[4] 2021抖音大数据报告[EB/OL].[2023-08-10]. https://www.sohu.com/a/535999837_121367063?_trans_=000019_wzwza&spm=smpc.content.content.1.1662968607987E3ofsOs.

[5] 隋红岩.高校图书馆阅读推广“导读短视频”制作探究[J].大学图书馆学报，2023，41(1)：101-105.

[6] 龚雪竹.公共图书馆和高校图书馆短视频营销比较研究[J].大学图书馆学报，2021，39(4)：48-56，72.

[7] 吕冰玉.基于SIPS模型的高校图书馆短视频阅读推广策略研究[J].图书馆理论与实践，2023(1)：99-106.

[8] 王子柱，曹雅婷.基于短视频的高校图书馆阅读推广拓展路径研究[J].河北科技图苑，2023，36(1)：79-82.

[9] 2022抖音知识数据报告[EB/OL].[2023-08-10]. https://m.gmw.cn/baijia/2022-12/28/36263714.html.

[10] 郭逸群.融媒时代抖音图书营销策略探析[J].新闻世界，2020(7)：93-96.

[11] 丁善敏，池艳琼.军校图书馆强军文化阅读推广探析[J].办公室业务，2020(24)：73-74.

[12] 宋福燕.公共图书馆利用短视频开展阅读推广工作研究[J].河南图书馆学刊，2021，41(9)：31-33.

[13] 石楚楚.互动仪式链视域下政务短视频传播研究[D].淮北：淮北师范大学，2022.

[14] 李珞.短视频泛娱乐化的成因、危害及对策——以抖音为例[J].科技传播，2022，14(4)：109-111.

[15] 孙翔.如何抓住短视频的风口[J].新闻与写作，2017(1)：83-84.

高校图书馆加强红色阅读推广策略分析

杨 阳

国防科技大学图书馆，湖南长沙，410073

摘要：红色阅读可以引导人们从党的百年历史中汲取继续前进的智慧和力量。本文从红色阅读推广的相关定义，分析了高校图书馆加强红色阅读推广的必要性和有利条件，重点探讨了高校图书馆加强红色阅读推广工作的创新思路，为高校图书馆加强红色阅读推广工作提供了一定借鉴。

关键词：红色文献；阅读推广

1 红色阅读推广相关定义

红色文献是指中国共产党在领导广大人民群众进行革命、建设、改革过程中形成的相关文字记录、图像及音视频资料等。其主要表现形式有报刊、书籍、档案史料，以及档案以外的文字信息、红色实物、红色声像、红色遗址等[1]。笔者认为，红色阅读推广是指图书馆或其他文化部门开展的以增强广大人民群众红色文献阅读意愿、提升红色文献阅读能力，推进红色文献阅读、接受红色文化行为的相关服务。

本文系湖南省中青年人才库课题"红色阅读空间与红色阅读推广研究"（项目编号 XHYB1047）研究成果之一。

2　高校图书馆开展红色阅读推广的必要性

习近平总书记指出，“为谁培养人、培养什么人、怎样培养人”是教育的根本问题。红色作为中华人民共和国、中国共产党最鲜亮的底色，在党的百年奋斗光辉历程中，红色文献具有不可替代的价值，能够让我们从中汲取永不停歇奋勇前进的智慧与力量。青年的价值取向关乎着未来的整个社会和民族的价值取向，由此可见，抓住青少年形成和确立价值观的这个重要时期的价值观养成就显得更为重要。

然而，调研显示，近90%的高校学生是喜爱阅读的，但每天花在阅读上的时间却非常有限，不足一个小时，且以小说、散文类书籍为主要内容，红色阅读现状不容乐观。因此，高校作为红色阅读推广的主阵地，大学生作为社会主义事业的接班人和主力军，需要阅读更多红色文献，接受更多红色教育。习近平总书记强调：“要抓好青少年学习教育，着力讲好党的故事、革命的故事、英雄的故事，厚植爱党、爱国、爱社会主义的情感，让红色基因、革命薪火代代传承。”[2]高校肩负着“为党育人、为国育才”的神圣使命，就要做到立德树人，传承红色基因，培育和引导广大学生成为能够担负民族复兴大任的社会主义时代青年。高校图书馆不仅是人类知识和文化的集散地，起着传播人类文明、丰富精神文化的作用，也是红色文化的传承者和红色精神的传播者。因此，响应党和国家号召，运用好红色资源、汲取好红色力量、传承好红色基因，充分发挥红色文化的铸魂育人功能，高校图书馆责无旁贷。

3　高校图书馆加强红色阅读推广的有利条件

3.1　有方向

习近平总书记曾多次勉励大家要热爱党、热爱祖国、热爱人民，让红色基因和革命薪火代代相传。在建党100周年大会上，习近平总书记也强调：

“历史川流不息，精神代代相传。我们要继续弘扬光荣传统、赓续红色血脉，永远把伟大建党精神继承下去、发扬光大！”[3]红色阅读推广工作有了习近平总书记关于红色资源的重要批示，可以指引我们的工作，让我们有方向、有目标，大力推动红色阅读推广工作全面深入发展。

3.2 有热度

近年来，各路媒体关于红色文化题材的电影、电视剧、纪录片受到广大群众热捧，许多红色书籍热销。如：电影《半条棉被》《我和我的祖国》《十八洞村》《长津湖》《水门桥》，电视剧《恰同学少年》《秋收起义》，舞台剧《东方出了个毛泽东》，红色书籍《青春之歌》《毛泽东选集》《山乡巨变》《铁道游击队》《红日》《林海雪原》《闪闪的红星》《保卫延安》《苦难辉煌》等，通过这些作品的展现，引起了当代学生极大的阅读兴趣，也展示了红色经典的艺术魅力和生命力，增强了红色文献的影响力，促进了红色阅读推广。

3.3 有受众

在针对“传承红色文化”的一项调研中，95.59%的同学认为红色文化没有过时，而选择对红色文化“非常感兴趣”和“比较感兴趣”的同学占比达到85.09%。同时，广大高校学生和教职员工思想主流还是健康的、积极的、向上的，思想活跃、知识面广、关心国家前途、关注社会热点问题，他们对历史和红色题材相关作品也是有兴趣的，是渴求阅读的庞大读者群。

3.4 有资源

作为一所坐落在湖南省的高校，湖南是红色资源大省，“十步之内必有芳草”，资源丰富，挖掘空间巨大。2020年，习近平总书记来湖南考察时，就盛赞湖南“一寸千滴红军血，一步一尊烈士身，一草一木一英魂，一山一石一丰碑”[4]。一代代湖湘儿女舍生取义、前仆后继，奉献一生乃至流血牺牲的先辈数不胜数，其中在册烈士就有15万之多。湖南作为中国革命发展的重要策源地，极为珍贵、独具特色的红色印记众多。目前发现的各种革命遗迹、遗址2600余处，有党早期领导人故居、纪念碑、陵墓、战斗遗址等，这些红色遗址遗迹见证了我们伟大革命军队在湖南这片热土开创基业、筚路蓝缕、展开艰苦卓绝斗争的历史，也为我们推进红色阅读提供了宝贵财富。

3.5 有基础

一是有丰富的馆藏资源。随着高校教育事业的蓬勃发展，高校图书馆各类纸质、数字资源逐步趋于合理，积累了丰富多样的红色馆藏资源，除了大量纸质文献外，各高校图书馆还引进和自建了相当数量的电子文献资源、多媒体资源、原生文献资源等，这些都为图书馆不同层次的读者开展红色阅读推广活动提供了丰富多样的馆藏资源。二是有先进的软、硬件环境。随着图书馆越来越受到各院校的重视，各高校图书馆也不断加大了馆舍等基础设施建设，各类软、硬件环境投入大大提高。RFID图书借阅系统、各类数字资源阅读平台、便捷检索系统、移动阅读设备的不断升级，从硬件上给读者提供了便捷、高效的阅读环境，丰富多样且具有不同特色和书香氛围的图书馆环境布置，令人赏心悦目的一书一画、一草一花，这些都给读者营造了难得的阅读感受和体验，吸引着读者进入图书馆，充分享用图书馆的丰富资源。

4 高校图书馆加强红色阅读推广的创新思路

4.1 展现形式丰富

一是要运用多种载体形式。笔者认为，红色阅读推广的内容不应仅仅局限于红色纸质书籍文献，红色文献应该包含中国共产党在领导广大人民群众进行革命、建设、改革过程中形成的相关文字记录、图像以及音视频资料等。表现形式有报刊、纸质书籍、档案资料、手稿、文件、日记、书信、宣传标语、票据、缩微胶片、照片、图片、广播稿、电子书籍、音频、视频、影视作品、红色实物、红色遗址等。通过不同的载体、形式，让人们能够从不同角度、多个维度、全方位了解中国共产党百年奋斗光辉历程。二是要结合多种新技术。依托云计算、区块链、AI、大数据、AR/MR/VR、“5G+”等专业化技术的运用，来提高红色阅读推广的现代化和场景化阅读服务水平，线上服务与线下服务相结合，实体实景与虚拟现实相结合，让红色文化活化起来，充分调动视觉、听觉、触觉等多种感官，强化阅读者的参与感和互动感，为读者提供红色文化多维度、交互式、沉浸式全新阅读体验。

4.2 推进合作共享

习近平总书记在河南考察时指出：“革命博物馆、纪念馆、党史馆、烈士陵园等是党和国家红色基因库。要讲好党的故事、革命的故事、根据地的故事、英雄和烈士的故事，加强革命传统教育、爱国主义教育、青少年思想道德教育，把红色基因传承好，确保红色江山永不变色。”[5]红色阅读推广有赖于丰富的文献资源，在自身资源力量有限的情况下，高校图书馆可以充分吸纳或联合更多党和国家红色基因库力量，与各级各类档案馆、图书馆、展览馆、陈列馆、博物馆、纪念馆、党史馆、媒体、影视机构、文创单位等不同单位和社会力量积极开展合作，发挥各自专业优势，依托不同红色资源，从档案、实物、展览、影视作品等多个层面，共建共享，共同推进红色阅读推广和红色文化传播。

4.3 拓宽推广渠道

高校图书馆红色阅读推广可以通过馆藏红色文献书目推荐、专题书目导读、红色专题系列讲座、红色主题档案展、文献展、实物展、摄影图片展等多种形式，聚集广大师生，讲好红色故事，普及红色精神，传承红色基因，潜移默化地熏陶学生。组织知识竞赛、演讲比赛、红色论坛、红色沙龙、阅读会、朗诵会等一系列活动，引导和激励广大师生积极参与，让学生认真阅读红色经典书籍，并通过交流讨论领悟红色文化的真谛和思想，形成正确的理想与信念观。还可以组织红色影院观影活动，观看红色经典有关的影视作品、话剧、舞台剧、情景剧等，让红色文化形象更加生动起来。此类作品通常改编自红色经典书籍，还可以促使广大师生产生阅读原著或相关题材红色书籍的热情。同时，还可以通过共建共享，积极组织各种红色活动和实践，参观红色遗址遗迹，让学生接受不同主题的革命理想信念教育，在实践中不断强化和提升红色阅读效果。

4.4 运用新兴媒介

截至2022年6月，我国网民规模为10.51亿，互联网普及率74.4%；人均每周上网时长为29.5小时；短视频用户规模约9.62亿，网络直播用户规模也达到7.16亿。互联网的出现和迅速普及，不断加快了生活节奏，文化传播也呈现出移动化、智能化、生活化、碎片化、视频化趋势，广大读者更热衷于碎片化电子阅读，高校图书馆应顺势而为，积极利用好网络、微信、QQ、微博、抖音、快手等媒体技术，开展红色阅读和推广服务，给学生带来新媒体、微阅读、微服务体验，赢得读者对数字图书馆的关注，挖掘潜在用户，逐步提高数字图书馆使用率，不断增加读者用户数量，提升红色阅读推广的影响力。

4.5 强化推广基础

一是要不断扩充红色馆藏。“巧妇难为无米之炊”，丰富的红色馆藏资源，是增强图书馆吸引力，推动红色阅读推广的重要基础。通过订购、征集、馆际交流共享等多种途径，搜集和整理各种有价值的红色资源，设置红色经典阅读专区或专架，将红色资源按照不同主题或专题分门别类、系统完整地呈现出来。二是要建立健全红色专题数据库。随着信息技术的飞速发展，电子阅读也成为大众阅读的主要方式，高校数字资源采购比重也在不断攀升。图书馆要充分利用信息网络技术，加强红色资源数字化整合，搜集整理不同时期、不同主题的红色资源，打造诸如“红色人物数据库”“红色历史文化影视资源库”“二十大专题数据库”等不同专题数据库，让其具有专题突出、查阅迅速、信息海量、不受时空限制等特点，实现真正意义上的红色资源精准获取和推送。

5 结语

青少年是祖国的未来、民族的希望。高校广大青年通过红色阅读能够更加深刻了解和学习“四史”，坚定“四个自信”，珍惜当前来之不易的和平稳定幸福生活，在面对复杂国际形势、环境和舆论时变得更加清醒；受到老一辈革命家、新中国的建设者及无数可歌可泣的英雄人物精神感召，在今后的人生道路上、在工作学习生活中能够自觉做到热爱党、热爱祖国、热爱人民，让红色基因、革命薪火代代传承。因此，加强红色文献阅读推广、推动中国特色社会主义文化传播，图书馆人时不我待也责无旁贷，我们会为之不断深入研究并努力践行。

参考文献

［1］ 陆艳. 图书馆红色文献研究现状与策略［J］图书馆论坛，2021（7）：46-50.

［2］ 刘仓. 习近平总书记关于赓续红色血脉的重要论述探析［J］. 中国井冈山干部学院学报，2022（2）：17-26.

［3］ 孙林. 伟大建党精神的深刻内涵、发展逻辑和实践价值［J］. 宁夏党校学报，2022，24（1）：73-78.

［4］ 孙倩. 湖南红色文献资源利用研究［J］. 湖南行政学院学报，2021（6）：131-139.

［5］ 姚璇. 以红色基因涵育青年学生的实践探索［J］. 军工文化，2021（11）：63-65.

第六篇 调查研究

融合校史与馆藏　再造智慧学习空间

——赴中山大学、南方科技大学等院校图书馆调研情况报告

姚　宏　施燕斌　胡胜男　郑莉湘

高等学校图书馆是学校的文献情报中心，是为教学和科学研究服务的学术性机构，图书馆工作是学校教学和科学研究工作的重要组成部分。为进一步加强校图书馆建设进程，按照“找准突出问题、学习先进经验”的基本思路，教研保障中心姚宏书记带队，中心吴操政副主任、图书馆施燕斌副馆长和相关工作人员先后赴中山大学、暨南大学、南方科技大学、华南理工大学等院校现地调研，通过实地参观、座谈交流等方式，重点学习了解了调研院校图书馆在空间环境建设方面的经验做法。现将有关情况报告如下。

1　调研单位图书馆空间建设的主要情况

中山大学、暨南大学、华南理工大学、南方科技大学均为国家“双一流”建设高校，调研高校图书馆通过整合再造构建智慧学习空间，挖掘特色馆藏展示校史文化，培育阅读品牌传播书香文化，取得了较好的成效，具体情况如下。

1.1　空间定位精准、功能布局便捷清晰

各馆通过整合馆藏资源、再造空间流程等方式，构建智慧学习空间。根据背景噪声的不同级别，区分静读区、讨论区、协作学习区、沉浸式体验区、

培训教育区等；按照开放时间，区分常规开放空间和 24 小时阅读空间；按照读者层次，区分硕博士学习专区、教师专区；按照空间的功能特色，区分常规借阅区、休闲阅读区、展陈展示区和特色空间区等。南方科技大学图书馆还设置了舱式休息空间和躺卧休息区。功能完备的空间布局，让师生读者对图书馆更有归属感、愉悦感。空间布局如图 1、图 2 所示。

图 1　南方科技大学图书馆休闲阅读区

图 2　中山大学图书馆室外阅读区

1.2 特藏独具特色、文化底蕴浑然天成

中山大学和暨南大学都是有着百年悠久历史的高等学府，在馆舍环境布置、特藏展陈中随处可见历史的沉淀，提升了图书馆的文化内涵。与党史、校史、时事结合，各馆特藏空间古朴雅致、兼具历史厚重感和现代设计感，如中山大学图书馆的名人纪念堂（图 3）、华南理工大学图书馆研习书院（图 4）等；通过挖掘校史资料，中山大学图书馆还建设“中山大学海洋科考与研究历史”专题资料，并通过展览方式向师生传播。

图 3　中山大学图书馆陈寅恪纪念室和戴镏龄教授纪念室

图 4　华南理工大学图书馆研习书院

1.3 品牌持续培育，书香文化广泛传播

南方科技大学图书馆 2018 年创建的“思库”主题阅读活动，通过纸笔书写推荐单、VLOG、书墙展示、特藏展陈等多角度展示名人学者及大学生推荐的阅读图书(图 5)。暨南大学图书馆结合本地华侨华人特色，建设世界级华侨华人文献资源体系，开展“华侨华人文化”活动(图 6)。通过各馆全流程的品牌培育，引领校园阅读风尚，成就了校内师生喜闻乐见的文化品牌。

图 5　南方科技大学图书馆“思库”主题展区和“天雨流芳”特藏室

图 6　暨南大学图书馆世界华侨华人文献馆

2 当前学校图书馆资源和空间利用现状

习近平总书记指出，“调查研究是谋事之基、成事之道”。2023 年，中共中央办公厅印发了《关于在全党大兴调查研究的工作方案》。为切实了解读者需求，优化提升图书馆资源使用效益和空间服务水平，校图书馆继承党的优良传统，面向全校师生发布《2023 年图书馆读者满意度调查》问卷，共收到有效答卷 697 份，结合图书馆其他工作统计数据，综合分析如下。

2.1 纸本资源借阅率远低于数字资源使用率

图书馆《2022 年度阅读报告》显示，2022 年全年纸本图书借阅量 11.28 万册次，占全馆纸本图书藏量的 3.9%；数字资源使用量 2577 万余篇，远程数字资源访问量 1246 万余次，电子图书下载量 136 万余册。

与持续上涨的数字资源使用情况相比较，图书馆纸质文献利用率相对偏低，年度借阅纸质图书仅占全馆藏书量的 3.9%，大量图书处于闲置状态，读者使用数字资源的频率远超纸质资源。当前，图书馆电子阅读已经呈现大流行趋势，相对而言，纸质文献资源占据大量空间，但利用率较低。因此，科学管理纸质图书是优化图书馆空间资源的一个重要突破口。

2.2 读者阅读行为从传统纸质阅读转向数字阅读

随着网络信息技术快速发展，读者获取信息的媒介和阅读方式已经发生巨大改变，便捷高效的网络数字化阅读已经成为越来越多读者的选择。《2022 年度中国数字阅读报告》显示，2022 年我国数字阅读用户规模达 5.30 亿，同比增长 4.75%。与此同时，基于移动终端的图书馆服务也得到更多人的青睐。《2023 年图书馆读者满意度调查》中，有一部分师生（占调查人数的 13%）表示几乎不来图书馆，不来图书馆的主要原因是时间紧张、使用数字资源很便捷、纸质图书更新较慢等。总的来看，读者阅读行为改变，数字阅读占比高，纸本资源使用率下降，图书馆服务转型需要具有针对性。

2.3 空间服务满意度评分低于平均分，增设研讨空间、自习座位呼声较高

《2023年图书馆读者满意度调查》显示，空间服务评价得分为9.07分，低于满意度平均得分9.38分(满分10分)，表明图书馆空间服务还可以继续优化改进。调查总共收到554条读者反馈意见，涉及“环境空间”的有82条，增设用于学科竞赛和小组讨论的研讨空间、背诵间、自习座位、提高空间利用率成为读者的普遍诉求。有读者留言表示：“增加更多的自习室和小组学习区域，以便学生可以在需要时进行小组讨论和合作学习。”“开放更多读者自由使用空间。”“希望增加一些用于小组讨论或者网络会议的空间。”

3 关于加强学校图书馆空间建设的几点建议

习近平总书记指出，“图书馆是国家文化发展水平的重要标志，是滋养民族心灵、培育文化自信的重要场所”。教育部发布的《普通高等学校图书馆规程》中指出，“图书馆应充分发挥在学校人才培养、科学研究、社会服务和文化传承创新中的作用”。国内外高等教育发展的经验表明，一流大学图书馆是一流大学建设的重要支撑。

近年来学校图书馆紧跟时代步伐稳步发展，建设工作取得丰硕成果，2020年获评中国图书馆学会授予的“全民阅读示范基地”称号，2022年获评“四铁先进单位”。但是随着图书馆纸质文献借阅量逐年下降，入馆人数持续上升，知识共享空间需求增加，加强空间建设、拓展新媒体知识服务功能已成必然趋势。通过现地和网络调研，我们深刻感受到，广州等多地高校图书馆在发挥文化传承创新功能，建设特色空间方面，走在时代前列。为推进学校图书馆建设，要围绕以下三个方面下功夫、谋突破。

3.1 持续丰富馆藏数字资源，优化数字服务

截至2022年12月，我校图书馆引进或自建数据库110余个，包含外文电子全文期刊2.6万余种、中文电子全文期刊1.9万余种、中外文电子图书

238 万余册。本次走访调研的高校中，目前中山大学数据库累计 1078 个，中外文电子图书 276 万册，中外文电子期刊超 14 万种；暨南大学数据库累计 184 个，中外文电子图书 265 万册，中外文电子期刊 5 万种；南方科技大学馆藏数据库总计 132 个，中外文电子图书 69.3 万册，中外文电子期刊 9.6 万种（图 7）。由此可见，我校图书馆数字资源存在优化提升的空间。

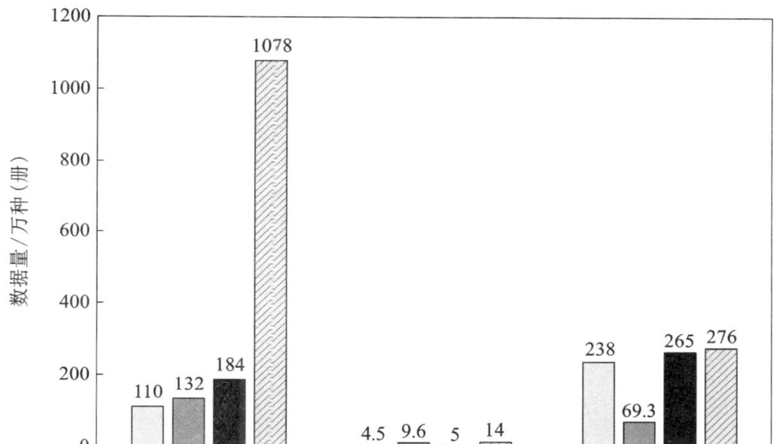

	馆藏数据库/个	中外文电子期刊/万种	中外文电子图书/万册
国防科学技术大学	110	4.5	238
南方科技大学	132	9.6	69.3
暨南大学	184	5	265
中山大学	1078	14	276

图 7　数字资源建设情况对比分析

为助力学校创新发展、培育人才，图书馆需要加强重视数字资源的建设与服务，包括以读者需求为导向，持续加大高质量数据库及科研分析工具的引进力度；加强特色资源库建设，丰富资源的内容和类型，满足读者多样化需求，多维度提高数字资源服务能力；改善阅读环境，提供适应读者的阅读方式。

3.2 科学管理纸本资源，建设军校特色特藏文献库

截至2022年12月，我校图书馆外文图书总量达286万余册，科技报告和内部资料10万余册，缩微平片90万件，覆盖《中国图书馆分类法》22个学科大类。而中山大学图书馆实体资源总量达1012万册(件)，其中古籍36万余册，民国时期文献14万余册，各类特色文献40余万件。中山大学图书馆根据其本身的历史文化特色，设置了11类特色馆藏，如中西文古籍、民国文献、拓本、徽州文书、大师专藏、邹鲁校长纪念厅等，充分展现该校深厚的历史底蕴，赋予图书馆浓厚的文化氛围，成为高校图书馆中一道靓丽的风景线。

图书馆是一所学校、一个城市、一个国家的重要文化地标，承担保护和传承文化的社会职能。寻找特色文献捐赠，打造特色人文空间，有利于促进图书馆发展，提升社会影响力。我校作为一所具有悠远历史的军校，自“哈军工”时期便涌现了无数铁血先辈，他们用行动诠释崇高信念，凝聚成“哈军工”精神。我校图书馆可参考调研院校图书馆建设情况，建立具有军校特色、“哈军工”底蕴的特色文献库，体现我校深厚的历史底蕴和“厚德博学 强军兴国”的精神力量。为此，图书馆可以延伸服务范围，加强收集我校历史名人的期刊、书画、手稿、照片、文物，筹建军校特藏文献库，供广大师生在校史文化中汲取奋进力量。

3.3 提升图书馆空间利用率，打造未来学习中心

目前，三号院图书馆共有创客空间2个，研修室8个，研讨室4个，交流室6个，其中创客空间507录音棚在五楼空间里面预约率最高，研修室和研讨室每周的使用频率为200~300人次；一号院图书馆6人研讨间4间，10人研讨间2间，科研团队研讨会议室1间，单人研修室13间，上座率达100%，热度居高不下。与此同时，书架区占地面积较大，挤占大量空间。每年我校竞赛团队、毕业面试、论文答辩、小组讨论、网络会议等多数需求尚未得到满足，读者反馈均有体现。在走访调研院校中，南方科技大学琳恩图书馆曾

耗时三年进行空间改造，减少占空间三分之一的书架区，增加独立学习空间，用于服务不同类型的学习交流活动。改造后的琳恩图书馆反馈热烈，广受师生认可。

当前图书馆空间功能发生巨大改变，是学校的知识中心和信息共享空间。为更好地服务师生，我校图书馆需瞄准国际先进水平，联合学校其他部门，将图书馆建设融入学校发展大局，打造未来学习中心，为人才培养和科学研究作贡献。为此，应该释放部分藏书空间，减少书架区，将常年无人借阅的书籍统一放置在密集书库，供有需求的师生借阅；整合空间资源，打造多功能研讨空间，划分噪声空间，建设 24 小时学习空间、多层级研讨空间、军史/校史文化展示空间、休闲阅读空间等，将单纯的阅读空间逐步向集思考、创新、创作、交流于一体的知识共享空间转变，全面打造空间服务体系；开展多学科交叉合作，提供以科研项目为主导的研究型教学空间和配套设施，对教学、学习和创新全过程给予支持，满足师生个性化、多元化和弹性化的学习研究需求。

弘扬“哈军工”精神 建设名师纪念文库

——赴北京理工大学“老科学家学术成长资料采集工程馆藏基地”调研情况报告

姚 宏 施燕斌 伍小灿 陈 文

2023 年是国防科技大学建校 70 周年，也是图书馆建馆 70 周年。为了充分展示 70 年来一代代国防科大人立德树人、为战育人、守正创新的精神风貌，图书馆将设立名师纪念文库，旨在传承名师大家严谨细致的治学风格、孜孜不倦的求学态度和坚持不懈的探索精神，弘扬“哈军工”精神，为教学科研赋能。他山之石，可以攻玉，为更好地建设名师纪念文库，文库资料收集前，教研保障中心姚宏书记带队赴北京理工大学“老科学家学术成长资料采集工程馆藏基地”(以下简称“馆藏基地”)调研学习。

“馆藏基地”是北京理工大学与中国科协共同建设，其中国防科技大学有 10 位科学家的资料入藏其中。此次调研通过实地参观、座谈交流等方式，重点学习了解调研北京理工大学“馆藏基地”采集科学家资料的具体做法。现将有关情况报告如下。

1 北京理工大学“馆藏基地”建设的主要情况

“馆藏基地”是 2010 年由北京理工大学和中国科学技术协会共同打造的，至今已有 10 余年，是一个集资料存储、展示、研究和教育功能为一体的物理空间。“馆藏基地”重点面向年龄 80 岁以上、在我国科技事业发展中做出突出贡献的老科学家，系统采集反映其家庭背景、求学历程、学术交往、科研活动等的书信、手稿、照片、音视频等 15 类资料。截至 2020 年 10 月，馆藏基地已经入藏了 461 位科学家和 4 个科学家群体的采集资料，其中实物原件总计 135335 件，数字化资料总计 322736 件，视频资料时长 447293 分钟，音频资料时长 531439 分钟；实现了对我国优秀老一辈科学家学术成果和科学思想的抢救性保存，在国内外科技界和史学研究领域引起了极大的关注和影响(馆藏基地如图 1 所示)。

图 1　馆藏基地展示院士墙

1.1　弘扬科学家精神，定期举办主题展览

以“馆藏基地”为核心，北京理工大学图书馆建设科学家特藏，将本校特色资源与其进行了聚合，同时发挥图书馆的资源优势，建设成为一个集资料收藏、科普宣传、思政教育、研究交流于一体的综合性场馆。定期对特藏精

品进行展示，举办科学家主题展览，传承和弘扬科学家精神。如2017年的“矢志军工——国防军工科学家展”；2018年的“恰同学少年——科学家成长足迹展”；2020年的“矢志国防的北理人——庆祝北京理工大学建校80周年展”；2021年的“党的事业就是我的奋斗方向——科学家入党故事选粹展”（图2）。这些展览的内容都是结合时代特点，从馆藏资料中提炼、精选出的具有典型性和代表性的科学家资料。

图2　党的事业就是我的奋斗方向——科学家入党故事选粹

1.2　助力思政课程建设，打造特藏案例素材库

基于科学家特藏的丰富资源，北京理工大学图书馆正在建设特藏案例素材库，助力学校课程思政和思政课程建设，部分案例已呈现在图书馆特藏板块上（图3）。

图 3　特藏案例素材库

案例素材库以人为中心，按照科学家的六种精神和科学家所属学科领域两个维度进行分类。案例中主要包含科学家的生平简介、学术年表、案例故事及相关原始素材。通过案例展示在该学科领域上培养的专业人才，弘扬科学家精神，引领学生明确奋斗目标、树立正确的价值观。

1.3　传承优良学风，“用活”老科学家资料

为了让科学家的故事走近学生、让科学家的精神感染学生，除了展览，北京理工大学图书馆还充分发挥学员的主观能动性，围绕科学家的故事，组织开展各类相关活动。如 2021 年“党的事业就是我的奋斗方向——科学家入党故事选粹展”，组织学生志愿者参与展览讲解活动、“科学家入党故事”视频讲述人招募活动、“我心中的红色科学家”手绘作品征集活动(图 4)。学生为了做好讲解人，深入查找相关资料，在参与活动的过程中学习科学家故事和科学家精神。

图 4 “我心中的红色科学家”手绘作品

为了传承科学家学风，北京理工大学图书馆把新生入馆教育搬到科学家特藏展，学生参观展览之后，记住了很多来自全国各地、各个学科领域的老科学家的名字和事迹。学生从入学开始，就能“结识”这些大师，感受他们身上的科学家精神，并将其内化成自己的学风。

2 国防科技大学名师纪念文库建设方案

弦歌七秩，春华秋实。国防科大桃李芬芳，人才辈出，一批批杰出英才成长为党和国家的栋梁，一辈辈科技帅才攻坚克难、勇攀高峰，一位位胜战将才为军向战、建功沙场。征集这些人才将才与名师大家的专著、手稿、信件、生平藏书等具有重要的历史保存、应用价值与思想教育意义。

2.1 名师纪念文库收集对象和范围

1952 年 6 月 23 日陈赓接受中央军委交给的创建军事工程学院的任务，面临无校舍、无师资、无实验设备、无技术院校办学经验的困境。但陈赓说“善之本在教，教之本在师”。在周恩来总理的关怀和亲自过问下，从全国高等院校、科研、企事业单位、军队选调了一批专家、教授，第一批次有 62 人，超半数都是欧美留学回来的。但因 1966 年哈军工脱离军队序列，改建为哈尔滨工程学院，1970 年主体南迁长沙，组建长沙工学院，原哈军工教授中到长沙工学院工作的仅有 13 名。因此，此次名师纪念文库将哈军工老教师成长起来的校长、政委、随学校主体南迁的 13 名教授、本校的院士及资深教授作为收集对象。收集资料范围包括反映名师生平的各种资料，如正式出版的学术专著、译著及论文，生平回忆、趣闻逸事、论著手稿、工作笔记、科研专利、教学资料、生活照片等，旨在凸显科大名师风范，求索师道传承，弘扬科大学术精神。

2.2 名师纪念文库收集方法

学校图书馆已通过发布征集信等方式与名师家属取得联系，对其个人物品实行自愿捐献、代为保管的方式进行收集。对于暂不将自己的珍藏品捐献出来的有特殊意愿的专家、教授，我们充分尊重他们的意愿，可协商采取暂存或代为保管的方式，将他们的文献暂时存放在学校图书馆纪念文库，他们可随时取用。同时我们会做好后续工作对已经收集的文献，及时做好登记及相关的交接手续，以示对名师本人及其文献的负责，同时与捐赠者建立密切联系，做好名师文献资料的后续补充工作。

同时，学校图书馆同步征集纪念各位名师的文字稿件，也对名师的家属进行了访谈，突出他们做人做事做学问的精神，用文字永铭他们的风采，献礼 70 周年校庆、馆庆。

携手共赢促发展
——赴国防科技大学异地校区图书馆调研情况报告

贺彦平　施燕斌　陈红蕾　胡知腾　姜　爽

图书馆之美，不仅在于其建筑之美，也在于其不断向世人展示知识之美、空间之美和科技之美。2017 年国防科技大学调整组建，学校图书馆也由原来的长沙校区图书馆，扩大到了包含武汉、合肥、南京、西安等多个校区的图书馆。规模的扩大，不仅为师生带来增量的文献资源和优美的场馆环境，还融合了多地丰富多彩的图书馆活动。为加强各校区图书馆之间的交流与合作，建立畅通的“需求”与“保障”渠道，学校教研保障中心图书馆贺彦平馆长带队，施燕斌副馆长及相关部门工作人员赴南京、合肥、武汉、西安等异地校区图书馆进行了调研交流，共同探讨各校区图书馆之间的合作发展，探索建设“全校一个馆”目标的具体实施措施。

1　异地校区图书馆工作建设的主要情况

1.1　合肥校区图书馆

合肥电子对抗学院校区图书馆馆舍面积 13252 平方米，拥有各种类型书库及阅览室 8 个，每天开放值守 14 小时，实行全年无休大流通模式，教材仓库面积 580 平方米。图书馆现有中外文图书 40 余万册，期刊合订本 4 万余册，订购中外文期刊 1000 多种。通过自购或参与军、地院校图书馆联采，先后引进了中国知网(CNKI)、万方数据知识服务平台、国防科技文献服务系统、外文军事期刊数据库等，还自建了包括电子对抗图书数据库、电子对抗期刊论文数据库等多个专业数据库在内的电子对抗特色数字图书馆。

图书馆业务除了包含图书馆核心的采编、流通、信息服务、阅读推广工作，还肩负学院教学和科研档案室的建设保障任务、学院教学仓库的管理等任务。图书馆建设任务重，人员编制不足，现有人员受限于大量的事务性工作，文献资源深层次服务难以得到充分开展。此外，馆舍环境建设缺少经费支持，馆内没有中央空调，多年来主要依靠风扇和部分柜机空调调整环境温度，室内制冷制热效果差，读者对阅览体验和学习环境的舒适度满意率较低。

1.2 南京校区图书馆

南京国际关系学院校区图书馆馆舍面积 7800 平方米，拥有各种类型书库及阅览室 10 个，阅览座位 580 余个；图书馆现有中外文图书 30 余万册，拥有 30 余个数据库；年引进和自建数据库 6~8 个，采购印刷型报刊 600 余种(份)。图书馆不仅承担相关业务，还承担了学院的教学任务。全馆人员编制少，馆员在职称评定等个人发展上存在矛盾。在文献资源建设、智慧图书馆建设、面向互联网的服务能力建设、图书馆基础条件建设方面需要加强支持，增加人员编制，加大经费投入。

1.3 武汉校区图书馆

武汉信息通信学院校区图书馆现有江岸、硚口两个图书馆。江岸营区图书馆始建于 1975 年，馆舍面积 5466 平方米，阅览座位 420 余个，目前开放阅览室 6 间(一楼互联网阅览室、二楼科技书刊阅览室、三楼社科书刊阅览室、四楼原军事理论和军事技术阅览室、五楼内部资料室)。硚口营区图书馆于 2006 年启动设计建设，2009 年 9 月 1 日正式投入使用，面积约 15600 平方米，可容纳馆藏图书 70 万册，提供阅览席位 1400 余个。

武汉校区图书馆主要由文职人员负责条件建设、资源建设和技术服务等工作，但人手不足且没有图书情报相关专业出身的人员；职工和聘用人员主要同时负责两个图书馆的流通服务相关工作，待遇相对较差。当前存在的主要困难是高层次的专业性人才和普通服务类人员都非常紧缺，既不能较高质量地提供深层次的图书情报服务，也无法确保图书馆流通服务的满编满岗，给图书馆整体业务运转带来了较大阻碍。

1.4　西安试验训练基地

原西安试验训练基地图书馆场地已明确改建为数智育新作战中心，图书馆整体迁移至教学楼南段，即现在的阅读空间，馆藏印刷型中外文图书总量约 20 万册，中文电子期刊 4000 余种、中文电子图书 220 万册、国内外学术论文 80 万篇，大型数据库 8 个，专题数据库或子库 24 个。阅读空间已开放使用延安专修室 1 间、过渡阅览室 6 间、智慧教室 2 间、学术报告厅 1 间。

西安基地没有图书馆编制，过去两年体制编制和人员岗位调整较大，业务工作对接出现过短暂断档，目前基地已明确图书馆业务对接人员，图书馆工作正在步入正轨。当前，正按照“十四五”规划项目建设要求，组织编写建设实施方案，对阅读空间进行整体改造设计，推进各功能空间建设内容落地，将规划指标内容要求逐项落实。由于基地图书馆缺乏人员编制，工作人员也缺少专业背景，这些都需要学校图书馆帮扶指导。

2　开展面向异地校区图书馆工作支持服务

2.1　三次召开图书馆工作会议引领多校区图书馆共同发展

2020 年 1 月，由学校教保处主办，学校教研保障中心图书馆承办的“国防科技大学图书馆工作会议暨资源与服务共建共享研讨会”在长沙校区三号院图书馆召开。学校各校区教保处、教研保障中心领导及图书馆馆长，共同研讨异地多校区办学条件下图书馆文献资源的统筹共建和开放共享。与会领导和专家就图书馆人才队伍建设、资源共建共享、信息服务协作等方面进行了讨论交流，就资源与服务共建共享方案、固定的交流和培训机制等达成了一致意见。此次图书馆工作会议是 2017 年新的国防科技大学组建以来，异地校区图书馆(室)及信息资源保障相关部门领导的首次齐聚，更是聚力学校各校区图书馆为我校“建设世界一流高等教育院校”提供更好的信息资源与服务保障做出的有益探索和实践。

2020 年 1 月，以“智慧 · 融合 · 跨越”为主题的图书馆工作会议在长沙校区召开，各校区图书馆就本馆 2020 年度工作进行了总结汇报，并就智慧图书馆服务平台建设展开了深入的讨论，同时对人才队伍建设、文献资源共建共享标准、信息服务同步建设等进行交流探讨。

时隔 3 年，各校区图书馆于 2023 年 5 月汇聚一堂，以“创新融合　奋进一流”为主题，在长沙校区召开了第三次国防科技大学图书馆工作会议，聚焦落实“全校一个馆”的总目标，主要围绕文献资源建设、知识服务体系打造、智慧图书馆建设、馆舍环境提质改造、服务保障能力建设等方面进行讨论交流，更好地推进了长沙校区与各异地校区图书馆间的资源、系统与服务的融合。

2.2　蕙风知识服务走进异地校区图书馆

2023 年 6 月 20 日，长沙校区教研保障中心图书馆施燕斌副馆长带队、5 名业务骨干随行，赴电子对抗学院图书馆进行业务交流、资源与服务宣讲。电子对抗学院教研保障中心主任叶应流、电子对抗学院教研保障中心副主任兼图书馆馆长陈蕾蕾、电子对抗学院教保处参谋李振汉、电子对抗学院图书馆副馆长赵金柱等热情接待了到馆成员。

当日上午，双方在电子对抗学院图书馆会议室开展了基于文献资源、系统对接和信息服务三方面的业务交流会，重点介绍了两馆资源建设的具体情况，并就两馆互联网业务系统互联互通、数据库资源共建共享、信息服务对接等业务，以及两馆在共建中可能存在的问题进行了深入交流。交流会结束后，在电子对抗学院图书馆馆长陈蕾蕾的陪同下，长沙校区图书馆一行人实地参观了电子对抗学院图书馆阅览区、自修室、开放阅读区、数字阅览室等特色区域。下午，长沙校区图书馆蕙风知识服务团队带着各类资源服务宣传页，为电子对抗学院带来了干货满满的资源与服务宣讲。围绕“文献信息检索与图书馆的资源服务”，向现场学员详细介绍了图书馆的海量数据库资源和丰富多彩的信息服务，并用实际操作演示如何高效检索文献资源。讲座结束后，现场学员积极提出文献资源检索与数据库使用过程中所遇到的问题，蕙风知识服务团队有针对性地提供解答和帮助。通过此次蕙风知识服务，电子对抗学院的学员们对图书馆资源与服务有了更加深入的了解。

后续，蕙风知识服务团队将继续带着各类宣传服务资料，走进其他异地校区开展图书馆资源与服务宣讲。

3 结语

在异地多校区办学条件下，不断加强各校区图书馆间的交流合作，有利于推进了学校各校区图书馆的系统同步、数据融合、资源共享共建及服务接轨和工作协调，共谋图书馆事业高质量发展，实现“全校一个馆”的建设目标。

打造红色文化空间　凸显思政教育力量

——赴国防大学、陆军工程大学等军队院校图书馆调研情况报告

贺彦平　施燕斌　姚晓敏　曾文婷　何　梅

习近平总书记在党的二十大报告中指出："弘扬以建党精神为源头的中国共产党人精神谱系，用好红色资源，深入开展社会主义核心价值观宣传教育，深化爱国主义、集体主义、社会主义教育，着力培养担当民族复兴大任的时代新人。"这一论述，为我们用好红色资源、传承红色基因、赓续红色血脉提供了遵循。为了更好地推动我馆红色空间的建设和阅读推广的开展，由贺彦平馆长带队，图书馆相关领导及工作人员参加了第二十二届国防科技院校图书馆学术年会、军队院校联席会第一次会议，先后赴国防大学政治学院杨浦教学区图书馆、陆军工程大学海福巷营区图书馆对红色空间建设情况进行了调研，下面对调研情况进行总结。

1　调研目的

国防大学政治学院杨浦教学区图书馆在红色空间建设方面极具特色，并取得了良好的社会效应，其中《共产党宣言》情境教学馆被上海市政府命名为"上海爱国主义教育基地"。陆军工程大学海福巷营区图书馆在红色空间建设方面也有一定的特色。本次调研主要目的是重点了解这两所图书馆在红色空间建设、管理及红色阅读推广等方面的成功经验，以此促进我馆相关工作的开展。

2 调研情况

2.1 国防大学政治学院杨浦教学区图书馆

本次调研得到了国防大学政治学院杨浦教学区图书馆的大力支持与积极配合，图书馆配备专业的讲解员为我们进行了讲解，我馆与红色空间主要负责人就红色空间建设、红色资源阅读推广和读者服务等问题进行了探讨。

(1)《共产党宣言》情境教学馆概况。

以“真理的历程”为名的《共产党宣言》情境教学馆在建党百年前夕建成，是集铸魂育人、基因传承、党性教育功能为一体的沉浸式、互动式的情境教学馆，通过多元组合的展陈设计、真实质朴的场景复原、生动逼真的感官交互，从不同角度对《共产党宣言》进行立体呈现，是军内外唯一一个以马克思主义经典著作为主题的专业教学馆(图1)。

图1 序厅：不同语种的《共产党宣言》版本墙

《共产党宣言》情境教学馆围绕《共产党宣言》文本及与其相关的重大历

史事件和经典著作，从马克思、恩格斯的伟大友谊开始，以《共产党宣言》真理力量的世界影响力为轴线，设计“革命导师：马克思和恩格斯”“壮丽日出：《共产党宣言》诞生”“红色经典：《共产党宣言》的精髓要义”“革命风暴：《共产党宣言》与国际共产主义运动”“伟大事业：《共产党宣言》与中国”“超越时空：《共产党宣言》与人类未来”六个展厅(图 2)。

图 2 《共产党宣言》研究文献展示墙

(2)学习书苑——习近平新时代中国特色社会主义思想学习研修平台。

“学习书苑”是国防大学政治学院为贯彻落实全军思想政治教育会议精神、推动构建新时代思想政治教育新体系而实施的改革成果之一。以“情境创设、情感沉浸、情理交融”为特色，充分利用信息技术手段，突出立体多维情境创设，集藏书、存史、阅览、展陈、查询、讲课、学习、研讨等多种功能为一体，分布式设置了超星文化长廊、报纸墙、阶梯式教学区、开放式研讨区、纸质文献阅览区、多媒体阅览区、公共阅览区等功能区域，为组织党的创新理论主题讲座、读书沙龙、读书讨论等活动创设了特定的专业平台(图 3、图 4)。

“学习书苑”集中收录目前已经出版发行的习近平总书记重要讲话单行本中文版 100 余种和英文版 10 余种、习近平总书记著作 16 个语种 120 余种、习近平总书记重要论述摘编 9 个语种 40 余种，各领域中文版蓝皮书 70 余种、白皮书 8 个语种 300 余种，总共藏书总量近 1 万册，力求实现“真、深、实、新、全”。同时还部署了由政治学院自主研发的习近平新时代中国特色社会主义思想数据库和习近平强军思想数据库，能够有力支持官兵深入学习研究，全军官兵通过强军网均可登录使用。“学习书苑”着眼理论武装提质增效，满足新时代青年官兵“悦读”学习需求。该空间布局具有浓厚的历史文化氛围和时代气息，读者置身其中学习研修感到舒心静心专心，在情境沉浸中提高了学习研究的质量和效率。

图 3　学习书苑文化长廊和报纸墙

图 4　学习书苑部分功能区域展示图

2.2 陆军工程大学海福巷营区图书馆

由于时间安排较为紧凑，陆军工程大学海福巷营区图书馆红色空间建设的交流相对简单，主要在空间布局方面。该馆近年来单独开辟一个阅览室来建设红色空间，室内装修焕然一新，中心位置天花板有一巨型圆灯，灯面显著位置有红色党徽图案，边上有红色立柱直通地面。灯光一打开，整个室内明亮而庄严(图 5)。

图 5 特色巨型灯

在进门的右手边是一组书墙，按照习近平总书记发表新年贺词时办公室书架背景来陈设，书籍摆放也有一定的考究。这里是读者进馆首选的打卡点，深受读者欢迎。

在书墙的对面是 VR 党建体验区，有“党的二十大”“廉政专题”“红色电影展播”等多项内容。读者佩戴好配套的 VR 眼镜，就可以身临其境地进行学习(图 6)。

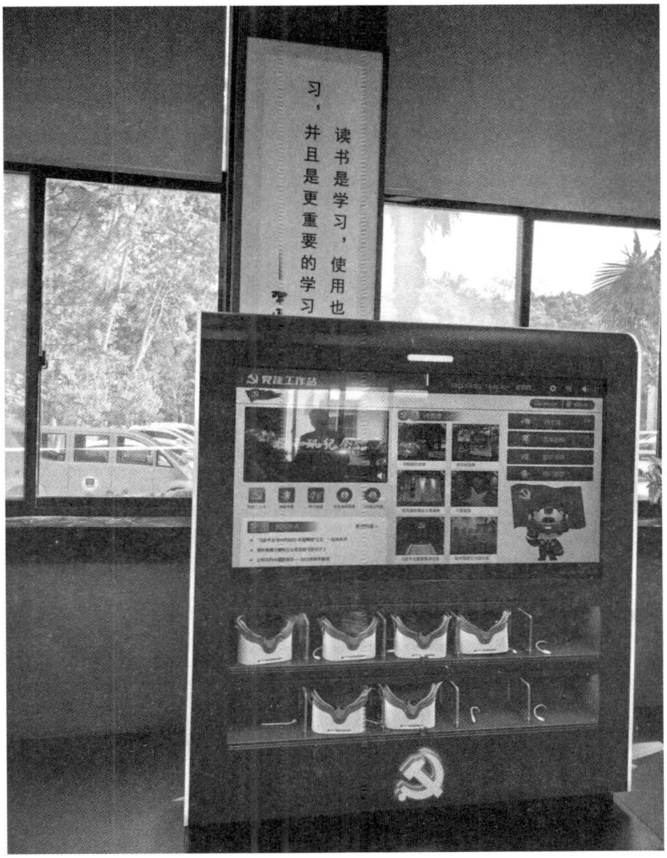

图 6　VR 党建体验区

3　调研启示

通过参观与交流，深入了解了国防大学政治学院图书馆、陆军工程大学海福巷营区图书馆在红色空间建设及红色阅读推广方面的成功经验，受益匪浅，为我们开展红色空间建设推动红色阅读推广带来了新的思路和启示。红色空间的建设应该突出我校特色，从我校专业设置及学员培训要求出发，契合红色阅读推广的需求，主题突出、要素多元、特色鲜明，引导学员从红色资源中汲取智慧和力量，增进砥砺奋进的信心和勇气。

学科服务提升核心能力
学术研究促进思想传承

——赴武汉大学、空军工程大学、西安交通大学三所院校图书馆调研报告

施燕斌　敬　卿　张　璐　胡胜男

图书馆是高等院校的文献信息资源中心、人才培养和助力科研的服务性机构，肩负着提升学生信息素养、引领校园书香文化的重任。为进一步加强图书馆建设进程，按照对标先进、学习经验的思路，由图书馆施燕斌副馆长带队，研究馆员敬卿和相关工作人员于 2023 年 3 月赴武汉大学、空军工程大学、西安交通大学三所院校进行现地调研，通过实地参观、座谈交流等方式，重点学习了解了调研院校图书馆在阅读推广、文献资源建设、信息服务、学术研究等方面的经验做法。现将有关情况报告如下。

1　调研单位图书馆工作建设的主要情况

武汉大学、西安交通大学为国家“双一流”建设高校，空军工程大学为军队综合性重点大学。三所高校图书馆通过培育打造阅读推广品牌，挖掘特色馆藏展示校史文化，激励馆员开展学术研究，综合评估文献资源使用效益，取得了较好的成效，具体情况如下。

1.1　依托学生社团，阅读推广更加接地气、入人心

各馆通过指导学生社团和志愿者团队，既为学生提供“学习、交流、实践、成长”的平台，也是图书馆开展阅读推广活动的“试验田”。西安交通大

学图书馆在开展阅读推广活动时，预先通过指导的 iLibrary Club 等社团广泛调研，了解学生的兴趣点所在，再根据学生反响进一步调整，结合校园环境特色（樱花季和梧桐季）开展持续性的阅读推广活动，提升学生的积极性和参与度。

1.2　借助查收查引系统，信息服务更加高标准、高效率

查收查引是图书馆的一项重要工作，容易出现漏检、误检、自引误判等问题；高峰时期用户需求激增，工作难度较大。目前已有一些图书馆采用自动化的查收查引系统，通过系统辅助检索来改进手工检索的弊端。武汉大学图书馆运用了 CALIS 论文收录及引用检索系统，系统运行良好、准确率较高；西安交通大学图书馆运用了中科创元科研成果信息服务平台，准确率在90%以上。查收查引系统极大缓解了馆员的工作压力，进一步提升了查收查引工作的自动化、便捷度。

1.3　引进专业管理平台，优化学科资源配置

文献资源的保障正由“量”向“质”转变，在保障读者需求的基础上对资源建设进行绩效评估是图书馆完善资源保障体系的基本要求。西安交通大学图书馆数字资源基本保持稳定续订、暂无停定情况，去年新增了 11 个数据库，该馆综合引进了南京仰格 ERM、ERS 电子资源管理平台，妥善管理分析电子资源的使用情况，分析各学科的特色资源，帮助图书馆优化在重点学科领域的资源配置，提高图书馆学科资源保障率。

1.4　坚持学术激励，用学术攻坚推动服务提升

没有学术研究的图书馆，很难将服务水平提升到一个较高的层次。学术攻坚能推动图书馆服务管理的提升、激发馆员的职业潜能和价值认同。西安交通大学图书馆设立馆内课题项目，2022 年有 25 人申报，每个课题资助 3000 元（可用于版面费）；若有馆员未依托馆内课题在核心期刊上发文，也可报销版面费。武汉大学图书馆去年正式启动了青年馆员科研引导基金，设有

5个年度重点工作项目，首批15个项目资助总金额7.5万元。馆内课题的研究选题往往结合馆员工作实际，直击图书馆发展急需解决的热点、难点问题，既有理论参考价值，又有实践探索意义。

2 加强学校图书馆建设的几点建议

技术和政策的双重驱动使得传统的高校图书馆正在经历从传统模式向智慧模式的转型。资源，是一流大学图书馆的立身之本；服务，是一流大学图书馆的灵魂所向。一流大学图书馆的建设中，资源与服务共同构成了图书馆智慧体系。

近年来学校图书馆紧跟时代步伐稳步发展，在资源建设和服务推广方面，取得了丰硕成果。但当前读者需求个性化凸显，图书馆业务范围进一步拓展，加强图书馆阅读推广品牌建设、提升信息服务、资源建设工作效率已成必然趋势。通过现地调研，我们深刻感受到，地方大学图书馆在阅读推广、资源建设和信息服务方面，走在时代前列。为推进学校图书馆建设，要围绕以下四个方面下功夫、谋突破。

2.1 继续打造精品阅读推广品牌

进一步深化学生馆员、学生社团在阅读推广活动中的参与度，号召学生自发组织开展校园文化活动，图书馆提供必要的指导与帮助；结合校园热点，开展持续性的阅读推广活动，提升品牌记忆度。

2.2 引进查收查引系统，提高工作效率

对市面上现有的查收查引系统进行调研，精选1~2家进行试用，试用过程中重点关注系统的审核流程、数据准确度、处理时长等，评价其是否能满足本校查收查引工作的需要。通过系统辅助，在现有自助服务的基础上，进一步减少业务量高峰期读者的等待时间，减少人工检索和计算过程中可能出现的纰漏。

2.3 多角度开展资源效益评估，优化资源配置

结合我校学科较为集中的现实情况，可以引入专业的资源评价统计分析软件，对数字资源进行生命周期管理，包括选购、试用、评估、管理、续订等多个步骤。同时将馆藏资源情况与资源使用数据相结合，得到多维度的使用统计分析报告，帮助图书馆优化重点学科领域的资源配置，提高学科资源保障率。

2.4 加强学术激励，提升馆员科研热情

目前馆内已经组织开展了学术研讨会征文活动，可以在此基础上强化激励措施，参考地方大学的经验，启动馆内课题基金项目资助。以学术研究为支撑，激发馆员开展业务钻研的热情，增强对图书馆未来发展方向的研判，加深对图书馆服务内涵的深层认识。